OBSERVATIONS

SUR LA COMPTABILITÉ

Et sur la Jurisdiction de la Chambre des Comptes;

Suivies de l'Extrait par ordre chronologique des Arrêts d'Enregistrement de cette Cour, sur diverses Loix de Comptabilité;

De Discours prononcés par M. DE NICOLAY, *Premier Président*, soit lors des différens lits de Justice, soit lors des réceptions de Contrôleurs-Généraux;

Et de Représentations de la Chambre des Comptes, sur les faillites des Comptables.

1789.

OBSERVATIONS,

Sur la Comptabilité & sur la Jurisdiction de la Chambre des Comptes.

Les Observations de la Chambre des Comptes seront simples et vraies ; elles ne doivent être ni l'apologie de sa conduite, ni la satire de l'Administration. L'histoire des abus est devenue d'un grand intérêt ; elle peut être intsructive et utile. Dans l'état déplorable où sont les Finances, indiquer les causes du déficit, les développer, s'il est possible, amene assez naturellement aux remedes qui sauront le réparer. On doit trouver dans les réclamations des cours, dans la constante étude de l'autorité arbitraire à les repousser, dans le texte des anciennes Ordonnances et jusques dans leur oubli, la nécessité et les moyens de la régénération désirée. La Chambre des Comptes, ramenée à son institution et à son objet, se lie plus essentiellement qu'aucune autre Compagnie Souveraine à la prospérité publique.

Tout Gouvernement sage et prévoyant, établira pour l'ordre de ses Finances, l'accélération dans la comptabilité, la fidélité de cette comptabilité et l'examen de la situation des Comptables.

On va expliquer ces maximes et l'usage que l'on en peut faire pour l'Administration des finances de la Nation Françoise.

ACCÉLÉRATION DE LA COMPTABILITÉ.

Les anciennes Ordonnances avoient prescrit la prompte présentation des comptes. Les Loix des 27 mai 1310, 27 janvier 1359, 1er. mars 1388, et une infinité d'autres, avoient prononcé les peines les plus graves contre les Comptables en retard de

A

présenter leurs comptes , elles les suspendoient de leurs offices ; et cette rigueur étoit salutaire , puisque le défaut de présentation finit par entraîner le plus grand désordre dans les Finances. Comment en effet , connoître , au bout d'un tems considérable , la situation des comptables ? Comment éclairer l'exactitude de leur recette , s'assurer de la fidélité de leur dépense , et punir des malversations couvertes de la nuit des tems ? (1) Comment éviter le divertissement des deniers , auquel semble inviter le jugement éloigné des comptabilités ? et comment, tant que cet inconvénient subsiste , pouvoir obtenir l'Etat général de la situation des Finances , si nécessaire au maintien du bon ordre?

Mais plus il étoit intéressant de presser l'accélération de la comptabilité , plus on cherche sans doute, par des vües intéressées , les moyens de l'éluder ; les comptes ne pouvant se présenter qu'après l'arrêté des Etats au Conseil , il fut facile, en suspendant, sous différens prétextes , l'arrêté de ces Etats , de retarder la présentation. La Chambre des Comptes avoit la faculté de prononcer des amendes , on les éludoit par des lettres de décharge que la faveur obtenoit de l'autorité ; ainsi tous les abus paroissoient conspirer de concert au désordre.

Colbert, dans l'utile réglement du mois d'août 1669, avoit, il est vrai, assujetti les Comptables à compter une année après chaque exercice expiré ; mais cette disposition si sage fut anéantie par un article de la même Ordonnance , qui leur défend de présenter avant que les Etats au vrai ne soient arrêtés au Conseil. Il faut cependant convenir que depuis 1669, certaines comptabilités sont devenues si considérables , qu'il seroit impossible

____

(1) La Chambre des Comptes a sans cesse sous les yeux , la preuve de cet abus ; entr'autres exemples frappans , on peut citer un compte des Colonies qu'elle jugea il y a quelques années : un faux y étoit clairement démontré ; le zèle du Procureur-Général fut vain et infructueux. Les Administrateurs et tous ceux qui y avoient coopéré étoient morts, les poursuites furent inutiles.

de les faire juger une année après l'exercice expiré ; mais rien ne sauroit justifier un retard de quinze années et plus, que l'on voit se perpétuer dans quelques-unes. La Chambre des Comptes a fait des réclamations publiques et particulieres sur cet objet dans des remontrances et dans des enregistremens ; cette Compagnie, en vérifiant la déclaration du 16 Décembre 1779, qui fixe des délais à différens Trésoriers, suplia le Roi de rapprocher les époques de la présentation ; elle renouvella ses instances lors de l'enregistrement des lettres-patentes du 1er. mars 1781, qui ordonnent que tous les Trésoriers, même celui de la Marine et des Colonies, ne se présenteront à la chambre, qu'après l'arrêté de leurs Etats au vrai au Conseil. Cette Cour vérifia ces lettres parce qu'elles étoient conformes aux Loix anciennes, mais elle suplia le Roi de faire accélérer l'arrêté des Etats, pour que le retard ne devînt point un prétexte d'éloigner la présentation des comptes.

Les Commissaires de la Chambre n'ont cessé depuis de presser l'exécution de ses arrêts d'enregistrement, sans pouvoir y parvenir. L'Administration a cru réparer ce désordre en faisant rendre de suite plusieurs exercices d'une même comptabilité, comme on a présenté ceux du Trésor-Royal depuis quelque tems ; mais on n'a fait que changer d'inconvénient ; en effet, une comptabilité immense, chargée d'une multiplicité de pieces et d'acquits, demande un travail long et réfléchi pour la mettre en état : son importance exigeant l'examen le plus approfondi, souvent un an de peines au rapporteur ; devant d'ailleurs être examinée sur le compte précédent, on ne peut se flatter de la mettre au pair, qu'après nombre d'années ; et ce mécanisme perpétue l'impossibilité de connoître la situation du comptable, dans un tems où il seroit intéressant de la découvrir.

Le compte du Trésor-Royal est celui pour lequel le retardement est le plus pernicieux. Il est à désirer qu'il soit le contrôle de toutes les comptabilités, et l'on devroit pouvoir, en le vérifiant, s'assurer chaque année, de ce que les comptables ont pris ou versé dans la caisse publique, et rendre cette opération préalable à la comptabilité.

C'étoit le vœu des anciennes Ordonnances ; celle du 4 Septembre 1420, s'exprime ainsi : » le Clerc qui sera au tems » à venir, en dressera le compte, et en sera montré l'état en » chaque mois du moins, et le compte rendu et conclu aux » termes, en l'an, en notre Chambre des Comptes. » (1)

Elle ne resta pas long-tems en vigueur, et dès 1626, le surintendant Deffiat attribuoit, dans l'Assemblée des Notables, une partie du désordre des Finances à l'inobservation de ce réglement.

» J'appelle à témoin, disoit-il, de mon dire, la Chambre » des Comptes, s'il n'est pas véritable qu'elle s'est trouvée en » ce point de ne pouvoir examiner et clore les comptes, faute » que ceux de l'épargne n'ont point été arrêtés.

» M. le Procureur-Général vous assurera qu'il m'est venu » dire de sa part, qu'elle ne peut pas faire ses fonctions, que » les comptes de l'épargne ne soient rendus entierement, et » que les comptables qui y portent les deniers de leurs charges » ou y prennent leurs assignations, n'ayent fait de même, » d'autant que les recettes de tant d'années accumulées, forment » de si grandes confusions et favorisent si fort les divertisse- » mens, qu'il n'est pas possible de discerner les vraies recettes » d'avec les vraisemblables.

M. Deffiat peignoit alors, comme il peindroit aujourd'hui, la situation des Finances et la nécessité de réparer le désordre ; le remede est encore facile ; on peut consommer les opérations du Trésor-Royal le dernier jour de chaque exercice, en le soulageant du détail des comptabilités accessoires, qui suspendent

---

(1) Ordonnances du Louvre, Tome XI, pag. 104.

la reddition du compte net, qui pour lors pourroit être présenté et jugé dans l'année suivante, il est du bon ordre de diviser les grandes comptabilités, en même temps qu'il faut diminuer le nombre des Comptables; c'est la seule manière de raprocher les jugemens des comptes du tems de leur exercice.

Il est cependant certaines comptabilités, telles que celles de la Marine et des Colonies, qui, pour être régulieres et éclairées, demandent plus de délai que ceux de l'Ordonnance de 1669, l'on pense néanmoins qu'ils devroient être moins étendus que ceux accordés par les dernieres Ordonnances, et être limités à trois ans.

Pour se tenir toujours dans les bornes de la raison et du possible, la Chambre des Comptes désirera, ou que l'Ordonnance de 1669 soit mise en exécution pour toutes les comptabilités qui peuvent y être assujetties, comme celle du Trésor-Royal; ou que les délais trop étendus des autres soient restraints.

Mais comme un des objets le plus intéressants au crédit public, à la restauration de l'Etat, est de connoître la situation générale des Finances, et qu'on doit éviter que la lenteur des formes ne devienne un obstacle pour y parvenir, il faut chercher un moyen qui assure la fidélité de cet Etat des Finances, en raprochant sa publication des jugemens des comptabilités auxquelles il doit correspondre; et empêcher par-là que les abus qui ont vieilli ne puissent plus se déraciner, en restant ignorés.

Ce moyen, on le puise dans les Ordonnances.

L'article 4 de l'Ordonnance de Philippe de Valois du 18 juillet 1318, porte textuellement *que la Chambre* des Comptes montrera au Roi son état, tous les ans. (1) Comment la Chambre

---

(1) A la fin de chaque année, on remettoit au Roi un état général de ses recettes et de ses dépenses, et cet état étoit l'ouvrage de la Chambre des Comptes. M. de Beaumont; mémoire concernant les impositions, Tom. 4. page 404.

connoissoit-elle cette situation ? par la connoissance de celle des Comptables qui étoient tenus de présenter tous les ans à la Chambre leur état de situation vis-à-vis du Roi.

Il existe une infinité de Loix à ce sujet. En rapprochant les principes et les circonstances semblables, on aime à rappeler le bon Roi Louis XII, le pere du Peuple.

» Voulons, (dit-il, dans son ordonnance du 8 Février 1504),
» que dorénavant tous nos Receveurs-généraux et particuliers,
» et tous nos autres Officiers, soient tenus de montrer et en-
» voyer au commencement et à la fin de chacune année, leurs
» états de recette, signés de leurs mains; c'est à savoir au
» commencement de ladite année, le plus près de la vérité que
» faire se pourra, et à la fin d'icelle, à sa juste valeur; et si
» en rendant par lesdits Receveurs leurs comptes, ils étoient
» trouvés avoir fait le contraire, et avoir aucune chose recelée
» par leursdits états, nous voulons qu'ils soient punis d'amen-
» de arbitraire.

Ces états étoient envoyés à la Chambre des Comptes, comme l'explique clairement l'article 26, de l'ordonnance du 3 Juin 1532.

» Nos Comptables porteront, chacun an, en la Chambre
» des Comptes, leurs états signés de leurs mains, et affirme-
» ront par serment le contenu en être véritable, afin que par
» iceux nous puissions connoître quels deniers bons ils ont entre
» les mains, pour nous en aider, si besoin est; et rendront
» les comptes ordonnés par les ordonnances sur ce faites, ils
» les présenteront à la Chambre audit an.

On voit combien cet ordre ancien dans les Finances étoit précieux à conserver. Les comptables donneroient tous les ans l'état de leur situation; au commencement de l'année, l'état par apperçu de leurs recettes et dépenses à faire; à la fin de la même année, l'état de leurs recettes et dépenses faites. Rien de plus sage que ces ordonnances, et de plus fait pour assurer

la destination invariable des fonds publics. La Loi a tout prévu ; la situation particuliere du Comptable, établie, devenoit
le garant de la fidélité de son maniment, et le raprochement
de ces états particuliers donnoit le tableau de la situation générale des Finances.

Les circonstances actuelles sollicitent à cet égard le retour
aux anciens usages.

La Chambre des Comptes pourroit être chargée de représen-
ter tous les ans à la Nation et au Roi l'état des finances, vérifié sur les registres journaux, que tous ceux qui manient les
deniers publics seroient tenus de lui envoyer dans les trois
mois qui suivroient l'exercice (1) ; son authenticité ne seroit
plus un problême, et pour se servir des expressions de ce Ministre que les besoins et la confiance publique rappellent au
grand œuvre de la régénération de la France ; cet état seroit
le flambeau de l'administration, et deviendroit une idée mere
pour la puissance, car il formeroit le gage le plus assuré du
crédit (2). Embrassant tous les objets, présentant toutes les
recettes et toutes les dépenses, on ne se perdroit plus désormais dans ce dédale où trop long tems on s'étoit égaré.

---

(1) Ceux qui manient les deniers du Roi, sont tenus de tenir des registres journaux,
par nombre d'ordonnances, notamment par celles des 15 septembre 1443, 26 janvier 1520,
et autres. Il est intéressant de renouveller l'exécution de ces ordonnances, et d'obliger
les comptables à en envoyer à la Chambre les originaux, après avoir pris preliminairement la
précaution de les faire parapher ; les comptables pourront en garder un doublé ; mais la
remise de ces journaux à la Chambre sera essentielle pour assurer la fidélité de l'état des
finances, et celle de la comptabilité.

L'édit de Juin 1716, concernant les registres journaux, et l'arrêt du Conseil du 18 octobre 1778, enjoint, article 3, *aux payeurs et trésoriers ; de tenir jour par jour, le compte
exact de leurs recettes et dépenses, lequel compte signé d'eux, et affirmé véritable, sera
remis au greffe de la Chambre des Comptes, à la fin de chaque année pour servir en tant
que de besoin, de contrôle et de compte au vrai de leur maniement.*

La disposition importante de cet arrêt du Conseil est très essentielle à mettre à exécution, elle suppléeroit l'arrêté très inutile et très dispendieux des états au vrai, qui n'a
jamais servi qu'à causer le retard de toutes les comptabilités.

(2) Introduction de l'administration des Finances.

Il est intéressant que ce travail, conçu dans le même esprit, conserve toujours la même forme , et qu'en comparant l'état actuel des finances sur celui de l'année précédente, on puisse aisément s'appercevoir de la différence qui s'est opérée en augmentation ou en diminution de dépense, et cela en remontant pendant une période de dix années. D'un coup d'œil on verra par exemple, ce que la guerre, la marine, les colonies, la maison domestique du Roi, ont coûté, et l'on saisira promptement les motifs des variations que ces objets auront éprouvées. On peut même, pour démontrer l'utilité du mode nouveau que l'on propose , jetter les yeux sur les divers comptes des finances rendus à Sa Majesté de 1775 à 1787 ; en les présentant dans le même cadre, on verra que les recettes et les dépenses, alternativement placées , tantôt sous une dénomination, et tantôt sous une autre , ne peuvent se classer de maniere à garantir la fidélité des unes et la nécessité des autres ; on verra qu'elles n'offrent ni correspondance ni ensemble, et qu'elles ont été formées à volonté sans regle et sans mesure.

On vient de présenter les inconvéniens du retard des comptabilités, et par une suite de la contradiction attachée aux institutions humaines, on a fait voir qu'en même tems que le réglement du mois d'Août 1669, ordonnoit que les comptables compteroient une année après l'exercice expiré , l'obligation prescrite dans cette même ordonnance de faire arrêter au Conseil les états au vrai , ayant la présentation des comptes, rendoit illusoire une loi aussi sage. La Cour des Finances ne s'est point bornée à des gémissemens intérieurs, elle a sans cesse investi les marches du Trône ; ses premiers Magistrats ont perpétuellement assiégé le cabinet des Ministres ; ses Commissaires ont tenté de pénétrer dans les bureaux , nulle démarche , nulle observation n'a été ménagée de leur part ; ils ont fait tous leurs efforts pour arracher ce voile dont on vouloit couvrir le mistère des finances. Il est encore tems, comme on vient

de

de le proposer, de présenter tous les ans à la Chambre des
Comptes, des états de situation des comptables; alors on abro-
geroit les états au vrai arrêtés au Conseil, et l'on auroit gagné
à l'anéantissement d'une formalité vaine qui engendroit des
délais interminables, et qui jusqu'à présent n'avoit servi qu'à
répandre de la confusion.

FIDÉLITÉ DANS LA COMPTABILITÉ.

Il faudroit que la Comptabilité fut régulière et complette.

Il est inutile d'entrer dans la discussion des vices à reprocher à chaque Comptabilité en particulier ; ce seroit perdre
des momens précieux à des détails longs et fastidieux. On ne
parlera que des abus généraux des grandes comptabilités, telles
que celles du Trésor royal, de la guerre, de la marine et
autres.

On est d'abord frappé dans l'examen de ces comptes impor-
tans, de n'y point rencontrer un ordre constant, d'après lequel on puisse établir un rapport certain, d'une année sur
l'autre, entre les recettes et les dépenses. Ce seroit le seul
moyen de découvrir l'inexactitude des unes, l'augmentation
abusive des autres, et souvent l'infidélité des doubles emplois.
On paroît affecter de mélanger des exercices éloignés les
uns des autres pour empêcher toute vérification. Le compte
du Trésor royal, dont la méthode et la clarté devroient être la
base qui peut être ou la censure ou l'apologie de l'administration, dans lequel on s'attend de voir le tableau de l'orga-
nisation et de la puissance d'un grand Royaume, ne présente
que la douloureuse image de la confusion et du désordre.
Tantôt ce sont des recettes ou portions de recettes, faites in-
différemment pour des années paires ou impaires ; ce sont des
versemens exécutés au Trésor royal par les mêmes comptables, et divisés en chapitres différens sous le nom de deniers
ordinaires, deniers extraordinaires, ou d'articles non convertis

B

en quittances comptables. Veut-on comparer ces objets sur l'année précédente? Un ordre qui n'est plus le même s'oppose à cette vérification. Veut-on mettre des charges sur le garde du Trésor royal? les indécisions, les radiations, les amendes; toutes armes vieillies et émoussées, ne peuvent atteindre ce comptable indépendant; une loi registrée (1) par voix d'autorité, lui sert de *palladium*.

Examine-t-on le compte des Colonies? on y trouve, sans en pouvoir pénétrer le motif, des impositions faites sans lettres du Prince, des recettes omises, d'autres suspendues. On vend des effets dans des magasins; il paroît que c'est un intérêt particulier qui les a proscrits; et l'on conserve au contraire, des objets de commodité, de luxe ou d'agrément (on seroit tenté de croire pour l'utilité des ordonnateurs). Cette multitude d'effets achetés cherement ou vendus à perte, on n'en présente ni la destination ni l'emploi; on a même négligé d'en dresser les inventaires.

Les dépenses présentent autant de désordres que les recettes. Souvent un même objet appartenant à un seul exercice est payé dans l'espace de plusieurs années, et s'impute sur plusieurs comptabilités différentes; de sorte qu'il est impossible d'avoir la connoissance du montant de ces articles ainsi épars, rarement appuyés sur des pieces justificatives, mais seulement sur de simples mandats des ordonnateurs qui leur donnent la consistence qui leur plaît. Ces dépenses ne sont point arrêtées au même tems qu'elles ont été ordonnées; on a vu des états de 1786, valider des dépenses faites en 1770, et dont très certainement le Ministre en place n'avoit aucune connoissance.

On voit des terreins acquis pour le Roi, devant produire

---

(1) Une déclaration registrée en 1771, dans un lit de Justice, défend de mettre des charges sur le compte du Trésor royal.

un revenu , et dont on ne compte point ; des entreprises considérables faites sur de simples marchés, sans être soumis à
la forme rigoureuse des devis et adjudications ; des loyers
pour logement de l'Intendant et autres Officiers, tandis qu'on
emploie des sommes considérables pour réparations de
bâtimens appartenans à Sa Majesté, et destinés à loger l'Intendant.

La Chambre n'a cessé de s'élever contre les inconvéniens
des récépissés, ils sont proscrits par les ordonnances. L'article
9 de celle de 1669 , et l'arrêt du Conseil du 5 janvier 1723,
les rejettent avec d'autant plus de raison , que n'étant point
sujets au contrôle , le Ministre pourroit ignorer leur existence, et même, convertis en quittances comptables, la mauvaise
foi sauroit peut-être encore les reproduire. En admettant néanmoins la nécessité des récépissés provisoires , il faudroit
que leur conversion en quittances comptables fût opérée dans
un bref délai. On pourroit former un registre de contrôle ,
le déposer à la Chambre, et ordonner le brûlement de ces
récépissés, dont le montant seroit constaté par un procès
verbal, rédigé par des officiers de cette compagnie, et qui
seroit également déposé.

Un exemple récent des abus des récépissés va étonner.
On a jugé l'année dernière le compte du Trésor Royal de
1770, dont l'état n'avoit été arrêté qu'en 1783. Le Rapporteur
a observé qu'il restoit encore pour 17 millions 677,000 liv.
de récépissés à convertir en quittances comptables, indé-
pendamment de ceux qui l'avoient été dans l'intervalle de
1770 à 1783. Il ajouta que sur cette liste de récépissés non
convertis , il subsistoit quatre articles pour des recettes générales , montant à 76,421 livres qui n'exprimoient ni le
nom du comptable , ni celui de la Généralité dont il étoit
le receveur.

Il subsistoit encore de nos jours une grande erreur en

B ij

comptabilité : l'abus des blancs de quittances, proscrits par l'ordonnance du 25 septembre 1745, ouvroit la porte à de grandes prévarications. La formalité qu'on leur a substituée n'est pas elle-même sans inconvéniens (1).

On ne peut prononcer le mot d'acquits de comptant sans réveiller l'idée du scandale le plus désastreux en Finance ; ils étoient autrefois bornés au secret des affaires étrangeres, et fixés à une somme déterminée et peu considérable. Leur progression douloureuse depuis Colbert jusqu'à nos jours est effrayante. On assure que dans certaines années, ils se sont élevés à plus de cent millions. Le dernier compte jugé du Trésor Royal les comprend pour 67 millions.

Les anticipations sont un abîme dont on n'a point encore sondé la profondeur. Le Gouvernement, dans les comptes publiés sur les finances, les a compris pour une somme considérable, et cependant peut-on se flater que ce soit un aveu sans réticence. Les soumissions des receveurs des impositions de tous genres, celles des receveurs généraux, les billets des domaines, ceux des fermes, ceux des principaux trésoriers, des gardes du Trésor Royal, les diverses assignations, ne sont-ce point autant d'anticipations, d'engagemens mis sous la sauve-garde de l'honneur et de la loyauté françoise? Si l'on ne peut parvenir pour le moment à se passer entierement de ces avances ruineuses ; n'est-il pas sage, n'est-il pas même

---

(1) L'Ordonnance a prévu que l'on pourroit abuser de la signature d'un particulier qui fournit quatre blancs de quittances par an, tandis qu'un seul suffit pour remplir la quittance de la somme totale de l'année, et qu'on pourroit se servir de cette signature pour faire allouer des dépenses, dont ce particulier n'auroit aucune connoissance ; c'est ce qui les a fait défendre expressement. Aujourd'hui l'on fournit les quittances libellées, mais elles le sort dans les bureaux, ce qui a le même inconvénient. Il est essentiel qu'une ordonnance positive prescrive aux personnes qui ont des deniers à toucher, d'écrire la date et la somme, de leur propre main, sous peine de rejets desdites quittances, ou de le faire faire par devant notaire, si elles ne savent pas écrire.

essentiel d'en connoître l'étendue ? peut-être est-il possible de
rendre ces anticipations moins dévorantes, en composant avec
l'avidité sur les intérêts qu'elles coûtent, et en faisant en-
sorte que l'Etat paye moins cher l'argent qu'on lui prête, et
le plus souvent, de ses propres deniers.

L'envoi tardif des loix à la Chambre des Comptes, quelquefois même postérieur à leur exécution, l'a souvent
réduite au silence, ou bien a rendu l'expression de son zele
inutile.

Les reglemens et le bien public exigeoient également qu'on
lui adressât l'enregistrement des dons et des pensions (1) ;
elles ne seroient point aujourd'hui à 27 millions, si cette précaution salutaire eût été observée.

Les remontrances de cette Cour n'ont point été accueillies,
ou sont restées sans réponse. On a toujours cherché à écar-
ter ses Magistrats de la connoissance de tout ce qui auroit
pu les conduire aux causes des désordres. L'accès des bureaux leur a été interdit, les renseignemens leur ont été
refusés. On auroit craint qu'un examen trop approfondi n'eût
contrarié les vues opposées, et n'eût fait parvenir à resserer
dans de justes limites l'excessive autoité des ordonnateurs.
On peut donc, en citant sans cesse M. Deffiat, renouveller
aujourd'hui les plaintes amères qu'il faisoit à ce sujet en
1626.

» De l'abus des grands ordonnateurs, disoit-il, sont nés
» les grands désordres. Si l'on veut entrer en la connoissance

---

(1) Suivant les ordonnances de Philippe V. en 1319, de Charles le Sage en 1364, de
Charles VIII en 1492, aucun don, aucune gratification ne doit être accordée sans l'enregistrement de la Chambre. Sully, dit M. de Perefixe, pag. 225, tom. 5, ne recevoit
jamais aucun don du Roi, qu'il ne fût vérifié en la Chambre des Comptes, afin que
tout le monde sçût les libéralités que lui faisoit son Prince, et qu'on eût point à lui
reprocher qu'il se servoit de la faveur pour épuiser les coffres.

» du détail, ils renvoyent à des supérieurs et chefs de char-
» ges, desquels la naissance et l'autorité sont si grandes
» qu'ils nous ferment la bouche, et nous disent qu'ils ne
» rendent compte à personne qu'au Roi. C'est ce qui a bou-
» leversé l'ordre des finances.

On sera néanmoins disposé à convenir, que dans sa marche, le Gouvernement a quelquefois besoin d'expéditions, et
que son activité ne sauroit se concilier avec la prudente lenteur des Tribunaux; mais après avoir agi, l'intérêt public
demande que les motifs qui l'ont dirigé soient connus, sous
peine de dégénérer dans un despotisme désastreux, puis-
qu'il uniroit à la puissance de faire à son gré, le pouvoir
abusif d'avoir fait, sans être obligé d'en rendre compte.

On voit dans les grandes comptabilités, des sommes énor-
mes passées en faveur des ordonnateurs (1) sur ce simple
énoncé : *pour le fait de sa charge;* et la signature du Roi
oblige de respecter comme des droits ce que l'on est tenté
de regarder comme des dilapidations. L'ambition de ces ordonnateurs ne s'est point bornée à jouir obscurement des abus
dont ils profitent; elle a fait consacrer par des loix l'inviola-
bilité de leur conduite, en la mettant à l'abri de toute
espece d'examen et de recherche.

La loi du 19 avril 1695, concernant la Capitation, et
celle du 20 mars 1714 sur les Vingtiemes en sont la preuve.
La Chambre est obligée de passer des reprises, comme elles
sont allouées par les Intendants et Commissaires départis.

En jugeant dernierement un compte des vingtiemes de
Paris, elle a découvert, sans pouvoir y remedier ni la punir,
la malversation la plus caractérisée; elle a gémi de voir les

---

(1) Il existe des départemens où les Ordonnateurs arrêtent eux-mêmes les dépenses de
leurs départemens. N'est-ce pas se constituer juge et partie ? Tant que les états au vrai
seront présentés, examinés et arrêtés au Conseil par des commis, cet abus proscrit par
la déclaration du premier mars 1781, se renouvellera toujours.

contribuables tourmentés par l'avidité du receveur qui abusoit de la signature de l'ordonnateur , dans de faux rôles , à la faveur desquels il se flattoit d'obtenir sa décharge.

La Chambre des Comptes doit encore dénoncer la loi de 1744 , servant de réglement à la comptabilité de la Marine et des colonies; le Trésorier ne rapporte pour pieces justificatives de sa recette que les comptes arrêtés par les Intendans. On est obligé d'obéir aveuglement à ce réglement ; ce n'est plus juger, c'est exercer un ministere purement passif ; des fonctions ne sont plus qu'un mécanisme , qu'une manipulation matérielle , lorsqu'il n'est point permis de surveiller une administration immense, et dont l'éloignement seul invite et expose aux prévarications.

Telle est la loi du 12 septembre 1771 , qui a dispensé le garde du Trésor Royal de faire corriger ses comptes, quoiqu'il soit constant qu'il s'y est trouvé des matieres sujettes à correction ; on a même poussé l'abus des principes jusqu'à vouloir le soustraire aux souffrances auxquelles il peut être condamné.

Si les ordonnateurs vouloient veiller eux-mêmes aux objets qui leur sont confiés : s'ils ne se croyoient point obligés de voir par d'autres yeux, de s'en rapporter à des subalternes, leur autorité auroit moins d'inconvéniens; mais encore seroit-il à désirer de les assujettir à une révision.

Dans les impositions, tout est soumis à l'Intendant ; ni lui, ni ses Subdélégués, ni sa bureaucratie ne sauroient pénétrer dans l'intérieur des détails ; ils sont livrés entierement et sans appel à des commis appointés foiblement. La médiocrité de leur sort les expose à la corruption, ou du moins enhardit à l'essayer vis-à-vis d'eux. La fonction de régler la contribution de ses concitoyens aux charges publiques , n'est-elle point assez interessante, et par conséquent assez belle pour la confier à des Magistrats de Cours Souveraines , que leur

rang, leur fortune et leurs principes rendent également purs
et désinteressés, et qui ne sauroient échapper à leur conscience et au déshonneur, s'ils avoient la bassesse de s'avilir.

EXAMEN DE LA SITUATION DES COMPTABLES.

Plusieurs comptabilités ont été soustraites à l'inspection
de la Chambre des Comptes, et depuis quelques tems encore,
il semble que pour consommer le désordre, on ait voulu
faire tomber en désuétude les sages ordonnances qui don-
noient un frein aux Comptables.

Le réglement de 1727, enjoignoit d'apposer les scellés chez
ceux qui seroient absens ou en faillite, et de faire leurs procès. Lorsque plusieurs banqueroutes de deniers royaux sol-
licitoient la juste sévérité de la loi, les prévaricateurs, les
comptables infideles, trouvoient une protection impolitique,
et que la vertu la plus pure et la plus éprouvée, n'eût point
obtenue. L'un d'eux est sorti presque à main armée de la Conciergerie, où l'avoit fait descendre un arrêt de la Chambre des
Comptes qui le déclaroit prévenu d'un divertissement de près
de 800,000 l. ; un sauf conduit surpris à la religion du Roi, et
signé par un Ministre, lui procura moins encore son évasion,
qu'un triomphe sur la loi devenue impuissante, tandis que
vraisemblablement il ne devoit sortir de l'horreur des cachots,
que pour être conduit au supplice. Une pitié funeste a pour-
suivi ce Trésorier infidele, et son nom, a, dit-on, été depuis
inscrit sur la liste des pensions.

En voyant les passions se réunir pour dilapider les Finances,
et tous les encouragemens donnés au désordre, on est encore
surpris que les ressources ayent été si long-tems sans s'épuiser.

La Chambre des Comptes, condamnée depuis long-tems à
sanctionner, pour ainsi dire, les abus, seroit tentée de croire
qu'elle

qu'elle est restée dans une coupable inaction, si ses réclamations, si ses doléances et l'invariable jurisprudence de ses
arrêts, ne suffisoient point à sa justification. Des oppositions
plus prononcées de sa part auroient paru attentatoires à l'autorité, on les eût regardées comme les entreprises d'un Tribunal ambitieux qui cherche à s'étendre. Le moment n'étoit pas
arrivé, les remedes doivent être appropriés aux circonstances
et aux maladies ; elle eût regardé le silence comme un tort im-
pardonnable ; mais elle ne pouvoit se permettre que des observations : sa prudence fut un devoir ; elle peut aujourd'hui offrir
l'hommage de son zele, elle doit se flatter que, devenant utile,
il sera agréable.

... Les Officiers de cette Compagnie osent croire appartenir à
la Nation et au Roi ; ils se sont dévoués, pour se servir des
expressions des Ordonnances, à des fonctions *moult mélanco-
lieuses*. Le seul désir de servir leurs Concitoyens les soutient
dans un travail fastidieux, et les a fait renoncer à toutes les
illusions de l'amour propre. On a voulu les calomnier et laisser
croire que l'utilité de leurs charges les attachoit à leurs tran-
quilles fonctions. L'esprit d'ordre qu'ils ont puisé sans doute
dans la nature même de leurs travaux ; la simplicité de l'ancienne Magistrature, ont pu accréditer cette opinion ; mais il
leur est aisé de prouver qu'ils sont bornés au strict intérêt de
leurs Finances, et qu'ils ont la douce satisfaction d'offrir à la
patrie l'hommage gratuit de leurs veilles. Ils ambitionnent l'intégralité de leur antique jurisdiction ; ils désirent une législation
nouvelle qui étende la sphere de leurs obligations, ils se livre-
ront avec empressement à de nouveaux travaux : mais pour
opérer cette heureuse régénération, il faut sanctionner toutes
les parties des Finances par des Loix positives ; il faut des bases
de recette et de dépenses, et l'on ne peut les établir que par
une surveillance directe et jamais contrariée. Pour arriver à
ce but, la Chambre des Comptes forme un dernier vœu, elle

C

demande à être maintenue dans l'examen de la situation des Comptables par l'inspection habituelle de leurs caisses, et notamment de celle du Trésor-Royal.

Dans l'ordre public, on est tenté de croire que le mal engendre le mal, et qu'un abus est toujours le principe d'un autre. Pressée par des besoins continuels, l'Administration s'est permis de puiser indistinctement dans toutes les caisses pour en appliquer les fonds aux nécessités du moment; alors la Chambre chargée de les inspecter par les Ordonnances, a cessé presque entierement de remplir ce devoir. Elle a dû être circonspecte, pour ne point porter d'atteinte au crédit trop facile à ébranler. Mais l'ordre, la confiance publique rétablis et appuyés sur une bonne Administration, toute indulgence devient impolitique; rien n'empêchera désormais de connoître la situation des Comptables, et ce salutaire examen préviendra le divertissement des deniers Royaux.

Un des principes élémentaires de Sully, c'étoit, dit l'Auteur des recherches sur les Finances, d'appliquer à chaque article de dépense, une partie égale de recette, sans jamais la détourner à aucune autre destination. Cet arrangement, auquel Henri IV ne dérogea jamais, contribua beaucoup, pendant son regne, à la prospérité des affaires.

On verra revivre une méthode aussi sage; les intérêts particuliers ne s'éleveront plus pour enchaîner la Chambre des Comptes; elle pourra sans obstacle et sans frais, comme elle l'a proposé par son arrêt du 28 avril 1788, rentrer dans l'inspection habituelle des caisses des Comptables; sa vigilance à prévenir les banqueroutes qui ajouteroient encore au désastre des Finances, se fortifiera, s'il est possible, en renouvellant l'exécution des Ordonnances qui défendent expressément de prêter les deniers Royaux. (1)

---

(1) Cette surveillance de la part de la Chambre a un motif de justice et d'humanité

Les Loix du 8 juin 1532 et autres condamnent à mort les Comptables qui prétent les deniers du Roi ; et ceux qui les auront empruntés à la peine du quadruple.

C'est pourtant au mépris de la sage sévérité de ces réglemens, qu'on a vu dans les deniers tems des Trésoriers trafiquer de la faveur des personnes puissantes avec les deniers publics. Il faut donc, lorsque la France se régénere, remettre en vigueur des Loix, long-tems la sauve - garde du Souverain et des Sujets.

On a rapproché dans quelques articles auxquels on a fait correspondre des notes marginales, des observations qui ont paru utiles au rétablissement des Finances.

OBSERVATIONS.	A R T I C L E. Ier.

C'est le vœu de toutes les Ordonnances, notamment celle de 1669.	Qu'il soit compté exactement de toute espèce de deniers, et que la comptabilité en soit rapprochée de l'année de l'exercice le plus que faire se pourra.

A_{RT}. II.

C'étoit la maxime de Sully, et c'est une des meill… es manieres d'assurer le bon ordre dans les Finances.	Qu'après une discussion approfondie tant des produits que des charges, la dépense des départemens soit définitivement fixée, et que les fonds desdits départemens ne puissent être

---

en faveur des Comptables. Les Loix prononcent la peine de mort contre eux quand ils se sont rendus coupables de divertissement; sans distinguer la faillite frauduleuse de celle qui n'est occasionnée que par négligence ou même par des malheurs. La seule manière de parvenir à proportionner la peine au délit, comme il est juste de le faire, c'est d'établir une surveillance telle qu'on puisse connoître dans tous les tems et d'une maniere certaine le principe du désordre et la nature du délit.

distraits de leur destination, sous quelque prétexte que ce soit.

Art. III.

C'est conforme aux Ordonnances de Philippes V en 1319, de Charles le Sage, en 1364, de Charles VIII, en 1492. Les indemnités qui souvent marquent des libéralités excessives, ne sont pas moins susceptibles de vérification avant que les Comptables puissent en faire le paiement.

Que dans la discussion des dépenses], les motifs qui ont fait accorder des dons et pensions, soient de nouveau scrupuleusement examinés, et qu'il ne soit reconnu pour dette Nationale, que ceux qui ont été ou seront légalement enregistrés.

Art. IV.

On sent assez combien cette forme est vicieuse et abusive, sur-tout en matiere de finance.

Qu'aucune recette ou dépense ne sera allouée en vertu de simples arrêts du Conseil.

Art. V.

C'est prescrit par l'article 9 de l'Ordonnance de 1669, par l'arrêt du Conseil du 5 janvier 1723 et autres.

Que les récépissés soient convertis en quittances comptables dans le tems de l'Ordonnance.

Art. VI.

Ils sont défendus par l'Or-

Que les blancs de quittances

donnance du 25 Septembre 1745.

soient proscrits, attendu les fraudes qui peuvent en résulter.

Art. VII.

Les inconvéniens n'en sont que trop prouvés. On peut leur attribuer une grande partie de la dilapidation des finances.

Que les acquits de comptant soient réduits, suivant leur institution aux simples dépenses des affaires étrangeres.

Art. VIII.

La nécessité de cette justification est sensible. Le bon ordre et l'économie l'exigent indispensablement.

Que les ordonnateurs soient tenus de justifier par détail des dépenses par eux ordonnées.

Par rapport à l'ordre général des finances, la Chambre demande.

OBSERVATIONS.

ARTICLE. Ier.

L'ordre une fois rétabli, il ne doit plus y avoir d'anticipations, ou ce seroit ouvrir une nouvelle porte aux abus.

Qu'il ne soit fait aucune anticipation sur les revenus de l'Etat.

Art. II.

La Chambre a fait sentir la nécessité indispensable de re-

Que les Ordonnances du 4 mars 1348 et 8 juin 1532, qui

nouveller ces Ordonnances.

défendent expressément de prêter les deniers du Roi, soient
renouvellées sous les peines y
portées.

Art. III.

Que les Ordonnances con-
cernant les scellés des Comptables, notamment celle de 1727,
soient exactement observées,
et que les Comptables en faillite ne soient plus soustraits
abusivement à la jurisdiction
de la Chambre.

Art. IV.

L'inutilité de l'enregistrement est frappante, quand la
Loi depuis long-tems a son exécution. La Chambre a enregis-
tré, il n'y a pas longtems, les
Loix concernant les reconsti-
tutions avec des modifications
que le bon ordre eût exigé, et
la Chambre elle-même a été
forcée depuis d'enregistrer de
nouvelles lettres où elle renon-
çoit à ces modifications, parce
que la forme adoptée depuis plus
d'un an pour lesdites réconsti-
tutions en avoit rendu l'exécu-

Que conformément à ce qui
se pratiquoit anciennement,
les Loix soient envoyées à la
Chambre sans délai, et en
même tems qu'aux cours de
Parlement et autres, et non
dans un tems où il n'est plus
possible de faire aucune remon-
trance utile.

tion impossible. La Chambre ne cesse de reclamer contre le retard d'envoi des Loix à l'enregistrement, elle a consigné des réclamations notamment dans ses arrêts des 13 novembre 1783 et 11 janvier 1786.

On ne fournit point à la Chambre les véritables Ordonnances signées de la main de Sa Majesté, mais celles seulement signées de ce qu'on appelle la griffe; il est bien essentiel de s'assurer qu'on ne fait point abus de ces Ordonnances, en les étendant au-delà de leur montant.

Il est bien essentiel de veiller non-seulement sur les acquits de remboursemens qui peuvent être reproduits, mais sur la nature des objets remboursés.

Avec cette facilité de remboursemens, qui empêche un ordonnateur qui veut faire fortune ou enrichir ses créatures, d'acheter des contrats sur la

Art. VI.

Que les Ordonnances signées de la main de Sa Majesté soient déposées chaque année aux Greffes des Chambres des Comptes, à l'effet de servir de controlle à celles qui sont employées dans la comptabilité.

Art. VII.

Qu'après le remboursement des divers objets qui peuvent être remboursés, il soit procédé exactement au brulement des acquits relatifs auxdits remboursemens, et fait procèsverbal desdits remboursemens à l'effet d'éviter les doubles emplois.

place qui perdent un tiers, et de se les faire rembourser sur le pied du principal? il n'aura pas même le mérite de l'invention. M. de la Fourbonnaye raconte que Mery sacrifié à la haine publique en 1648, faisoit acheter publiquement pour lui et pour ses amis, des rentes au denier 2 et 3 ; et se les faisoit rembourser sur le pied du denier 14. La Chambre a demandé sans cesse de faire des procès-verbaux de brulement, notamment en enregistrant les lettres-patentes de 1784, et celles de décembre 1787.

Art. VII.

Pour assurer dans tous les tems la situation des Comptables , que la Chambre des Comptes soit tenue d'être exacte dans l'inspection de leur caisse, et notamment de celle du Trésor-Royal, et qu'il soit dressé sans frais, des procès-verbaux de cette inspection, à l'effet de garantir la fidélité de leur maniment, et de prévenir cette multiplicité scandaleuse de faillites qui a fait la désolation des

Cet

familles, et ajouté à la ruine
de l'Etat.

Art. VIII.

Cet article est conforme aux
Ordonnances du 18 juillet
1318, 7 janvier 1407, 18 avril
1504 et à l'article 26 de celle
du 8 juin 1532.

Que l'Etat des finances soit
publié chaque année par la
Chambre des Comptes, et que
pour l'établir sur des bases certaines, les Comptables indistinctement, et tous ceux qui
manient les deniers du Roi,
soient tenus d'envoyer ès greffes de la Chambre des Comptes,
dans les trois mois qui suivront
l'année de leur exercice, l'o-
riginal de leurs registres, les-
quels auront été précédemment
paraphés par des Officiers de la
Chambre des Comptes, à l'effet
de servir de contrôle audit état
général, et que tous ceux qui
manient les deniers du Roi,
soient interdits de plein droit,
faute d'y avoir satisfait.

La Chambre des Comptes appuye ses réclamations sur les ordonnances; elle les voit fondées sur le bien général. Lorsque la
Nation reprend son énergie, lorsque toutes les ames ont puisé

D

dans le malheur public, une vigueur nouvelle, elle ne sauroit être animée que par un sentiment de patriotisme ; et lorsqu'elle redemande l'intégralité de ses fonctions, c'est qu'elle est intimement persuadée qu'elles sont nécessaires et ne peuvent être suppléées. Un Souverain peut être surpris ; une administration pourroit être inhabile ou mal intentionnée ; une Cour qui ne peut se concilier l'estime de la nation que par l'amour de ses devoirs, que par l'exactitude la plus scrupuleuse à les remplir, se mettra toujours à l'abri des reproches.

L'exercice de sa jurisdiction ne sauroit donner d'ombrage à l'autorité. Que l'on examine en effet la nature de ses fonctions, on verra qu'elles ne peuvent jamais être un obstacle pour le bien ; que son pouvoir est celui de la raison ; qu'il ne se développe que par la persuasion ; qu'il prévient les abus ; qu'il démasque les opérations dangereuses ; qu'il doit donner une mesure et un frein aux dépenses soit en présentant leur inutilité ou leur étendue. La Chambre n'enchaîne point l'administration, il est à désirer qu'elle la dirige. Semblable à ces dignes placées, par une heureuse prévoyance, le long des grands fleuves ; elles n'arrêtent pas le cours de leurs eaux, mais les resserrant dans de justes limites, elles distribuent la fertilité dans les campagnes : le plus grand malheur seroit de les renverser.

Les Officiers de la Chambre des Comptes mettront toujours eur gloire à être utiles, et ceux qui ne verront dans leurs fonctions que le mécanisme minutieux de la comptabilité, ignoreront que le bonheur de vingt-quatre millions d'hommes reposera peut-être désormais sur la surveillance et sur l'activité qu'on lui aura restituées.

En formant les vœux du patriotisme pour le rétablissement des finances, la Chambre des Comptes sera encore loyale dans les aveux qui lui restent à faire. Très-certainement, ses fonctions sont importantes, et, sans exagération, l'on peut assurer que leur entiere exécution est liée à la prospérité de cet empire; mais il ne faut plus que les comptes, et sur-tout celui du Trésor-Royal soient présentés à des époques éloignées de l'exercice; il ne faut plus que les acquits de la comptabilité soient un amas de pieces informes fabriquées au besoin par les ordonnateurs, pour composer le roman des revenus et des dépenses de la France; autrement, la Cour des finances ne seroit qu'un phantôme inutile, qu'un tribunal dangereux et passif, qui ne sembleroit institué que pour légitimer des abus.

En rétablissant au contraire un ordre invariable, une comptabilité annuelle, les recettes se feront, les dépenses s'acquitteront; les revenus de la Nation, ses engagemens seront connus, et la confiance renaîtra avec la bonne administration; la Loi protegera les administrateurs contre toutes les illusions de l'intrigue, du pouvoir et de la faveur; le tribunal de l'opinion sera leur sauve-garde, et les mettra toujours à l'abri de l'envie, de la censure et de l'erreur. En présentant à la Nation et au Souverain, la situation effective des finances, ils le préserveront des libéralités indiscretes, de l'usage de ces secours ruineux qui conduisent promptement au désastre; de ces emprunts continuels et illimités qui grèvent la fortune publique, de nouvelles rentes, sans offrir aux préteurs un gage qui assure la rentrée de leurs fonds, et le paiement de leurs arrérages.

La Chambre des Comptes a cru devoir proposer ses observations ; elle espère voir renaître les jours désirés de l'économie, et le bonheur de la Nation.

Heureuse de pouvoir offrir aux augustes Représentans de la patrie l'hommage de ses travaux, la Compagnie se flatte qu'ils agréeront celui de sa vénération respectueuse. Son courage renaît ; elle fonde ses espérances et sur l'étendue de leurs lumieres et sur l'activité de leur patriotisme.

EXTRAIT

EXTRAIT

PAR ordre chronologique des Arrêts d'enregistremens de la Chambre, sur toutes les loix, concernant les Finances et la comptabilité, qui lui ont été adressées depuis 1780.

DÉCLARATION du 13 Février 1780.

PORTANT nouveau réglement, à compter du département des impositions de 1781, pour la Taille, la Capitation et les autres impositions.

Regiſtrée le 6 Mars audit an.

REGISTRÉE pour être exécutée ſelon ſa forme et teneur, et ſera le Roi très-humblement remercié des bienfaits que ſa Juſtice vient d'accorder à ſes ſujets, ſoit en leur faiſant eſpérer dans les dépenſes de ſa maiſon les réductions compatibles avec la Majeſté du Trône, ſoit en dégageant l'impoſition de la taille de l'arbitraire qui y régnoit depuis long-tems ; & en maintenant pour en éclairér la perception, les cours, dans le droit honorable et utile de repréſenter audit Seigneur Roi les beſoins de ſes peuples.

E

EDIT DE FEVRIER 1780,

PORTANT prorogation jusqu'au dernier décembre 1790 inclusivement, du second vingtiéme des droits réunis et des sols pour livre en sus de différens droits y énoncés.

Regiſtré le 11 Mars audit an.

Regiſtré à la charge que , relativement au don gratuit , il ne ſera perçu aucun droit dans les villes , fauxbourgs et bourgs , non compris dans les états annexés à l'édit du mois d'août 1758. La déclaration du 3 janvier 1759 , et lettres-patentes du 22 avril ſuivant : *et ſera le Roi très-humblement ſupplié de conſulter , auſſi-tôt que les circonſtances le permettront , ſa bienfaiſance pour ſes peuples , et leurs beſoins pour abréger la durée du ſecond vingtieme , & fixer un terme à la perception du premier.*

DECLARATION DU 16 DECEMBRE 1779,

QUI fixe les délais , dans leſquels différens Tréſoriers & Payeurs y dénommés , doivent compter de leurs exercices.

Regiſtrée le 15 Mars 1780.

Regiſtrée à la charge , par leſdits Tréſoriers , payeurs & autres comptables y dénommés, de préſenter les comptes de leur exercice, dans les délais fixés par ladite déclaration ; à peine d'être déchus des décharges d'amendes et intérêts y portées : et en outre , à la charge par ceux deſdits comptables qui ont été condamnés au jugement de leurs comptes, auxdites amendes et intérêts, de ſe pourvoir en la Chambre, pour en obtenir la décharge par requête de rétablissement ; au rapport des conſeillers auditeurs, en la maniere accoutumée. *Et ſera le Roi très-humblement ſupplié, en tous tems , et en toutes occaſions , de retablir dans la manutention de ſes Finances , un ordre conſtant d'après lequel les comptables puiſſent compter des deniers de leurs maniemens, DANS DES ÉPOQUES MOINS ÉLOIGNÉES.*

EDIT D'AVRIL 1780,

*PORTANT suppression des quarante huit offices de receveurs généraux
des Finances , et établissement d'un nouvel ordre à cet égard.*

Regiſtré le 18 dudit mois.

Regiſtré par obéiſſance à l'exprès commandement du Roi , contenu en ſa réponſe du 17 de ce mois, faite aux repréſentations de la Chambre; à la charge 1°. que la liquidation de la Finance des offices ſupprimés par le préſent édit , ne pourra être inférieure à l'évaluation qui a dû en être faite, en exécution de l'édit de février 1771; 2°. que le caiſſier des recettes générales des finances ſera tenu de compter en la chambre , dans les délais de l'ordonnance , du montant des impoſititions et de l'acquit des charges en la forme ordinaire, par comptes diſtincts et ſéparés pour chaque Généralité de ſon reſſort; comme auſſi que, conformément à la réponſe dudit Seigneur Roi, les droits payés par les ſurvivanciers des receveurs généraux leur ſeront rendus ; & ſera le Roi très-humblement ſupplié de conſerver aux anciens receveurs généraux des Finances, la jouiſſance de leur privileges, et d'affecter , tant pour eux , que pour les officiers ſupprimés par les précédens édits , un fonds certain , uniquement deſtiné à la ſúreté de leur rembourſement ; aux époques déterminées par ledit édit , que ſollicite en leur faveur la juſtice dudit Seigneur Roi, et que doit permettre l'amélioration qu'il s'eſt procurée dans ſes Finances , & encore de faciliter aux comptables leur libération, et de rendre aux différentes comptabilités réduites & réunies toute l'utilité dont elles peuvent être audit Seigneur Roi , *en rétabliſſant la diviſion des comptes ſuivant la forme ancienne ; ſera en outre le Roi très-humblement ſupplié de balancer le ſuccès véritable de l'exécution du préſent édit , avec les inconvéniens que lui a préſentés ſa Chambre des Comptes ; de les peſer dans ſa ſageſſe profonde, & de regarder ſes reſpectueuſes ſupplications comme l'expreſſion au zele actif qui l'animera toujours pour le bien réel de ſon service.*

E ij

*Discours de Monsieur le premier Président au Roi, en lui portant
les représentations de Chambre.*

SIRE,

VOTRE Chambre des Comptes nous a chargé de porter au pied
du Trône les expressions de son zèle. Le plus souvent les Cours ont
dit la vérité par devoir ; aujourd'hui, SIRE, elles vous la doivent et
vous la disent par attachement. Une obéissance éclairée est l'hommage le plus digne de Votre Majesté qui ne veut régner que par
les loix et pour le bonheur de ses sujets.

RÉPONSE DU ROI.

J'AI examiné les représentations de ma Chambre des Comptes,
je n'y ai rien trouvé qui puisse me faire changer de résolution. J'at-
tends de son zèle et de sa soumission, qu'elle procéde sans délai à
l'enregistrement de mon édit ; au surplus, ce qu'elle demande relativement au marc d'or payé par les survivanciers des receveurs généraux, est conforme à mes intentions.

LETTRES-PATENTES DU Ier. MARS 1781,

*QUI ordonnent que tous les Trésoriers comptables, chargés de payer
aucunes dépenses du Roi, & même celui de la Marine & des
Colonies, ne seront admis à présenter leurs comptes en la Chambre
des Comptes, qu'après que leurs états au vrai auront été arrêtés au
Conseil des Finances.*

Registrées le 20 desdits mois et an.

Registrées pour être exécutées selon leur forme & teneur ; & sera
le Roi très-humblement supplié de faire accélérer, conformément auxdites lettres, la présentation des états au vrai, en son Conseil des
Finances, DONT LE RETARD SERT DE PRÉTEXTE AUX COMPTA-
BLES, POUR ÉLOIGNER LES PRÉSENTATIONS DE LEURS COMPTES.

ÉDIT DE NOVEMBRE 1779,

Portant création de cinq millions de rentes viageres sur les aides &
gabelles, à raison de dix pour cent sur une tête, &c.

Regiſtré le 27 Avril 1781.

EDIT DE FEVRIER 1781,

Portant création de six millions de rentes viageres sur les aides et
gabelles, à raison de dix pour cent sur une seule tête, &c.

Regiſtré le 27 Avril 1781.

EDIT DE MARS 1781,

Portant création de trois millions de rentes viageres sur les aides &
gabelles, à raison de dix pour cent, sur un seule tête, &c.

Regiſtré le 17 Avril 1781.

Regiſtré à la charge par Me. Micault d'Harvelay, garde du tréſor
royal, de compter tant en recette qu'en dépenſe du recouvrement
dudit emprunt, par chapitre diſtinct & ſéparé ſur un regiſtre particulier. Fait défenſes la chambre au garde du tréſor Royal, de recevoir
aucune ſomme au delà du capital,..... de rentes, créées par le préſent
édit, à peine d'en répondre en ſon propre & privé nom ; ſans que la
clauſe d'appel inſérée au dixième article du preſent édit, puiſſe nuire
ni préjudicier à la juriſdiction de la chambre, & que ſous prétexte de
ladite clauſe, il puiſſe rien être innové au droit appartenant à la chambre, de connoître privativement de tout ce qui concerne la forme & la
validité des acquits.

DÉCLARATION DU 12 JUIN 1781,

Portant reglement sur la forme de la comptabilité du Trésorier Payeur Général des dépenses du département de la Guerre relativement à toutes les parties qui s'y trouveront réunies.

Regiſtrée le 3 Juillet 1781.

REGISTRÉE pour être exécutée ſelon la forme & teneur, & ſera le Roi très-humblement ſupplié en tous tems & en toutes occaſions, de faire connoître à ſa Chambre des Comptes, les dépenſes de l'Hôtel des Invalides, & de rétablir en icelle la comptabilité du quatrieme denier.

EDIT D'AOUT 1781,

Portant augmentation outre & par deſſus les huit ſols pour livre énoncés en l'édit de février 1780 : de deux nouveaux ſols pour livre en ſus du principal de tous les droits indiſtinctement quelconques perçus au profit du Roi, &c.

Regiſtré les 20 deſdits mois & an.

Regiſtré à la charge qu'il ſera compté en la Chambre des Impoſitions mentionnées audit édit, en la forme & maniere accoutumées; & ſera le Roi très-humblement ſupplié de faire jouir ſes Peuples de toute ſa bienfaiſance en ne donnant aux impôts d'étendue et de durée que celles que préſcriront à ſa ſageſſe la gloire de ſes armes et les beſoins de l'État.

EDIT DE JUILLET 1782,

Portant établiſſement à compter du premier janvier 1783, & juſqu'au dernier décembre de la troiſieme année, après la ſignature de la paix, du troiſieme vingtieme, ſur tous les objets aſſujettis aux deux premiers vingtiemes, avec affranchiſſement dudit troiſieme vingtieme de l'induſtrie des offices & des droits.

Regiſtré le premier Août audit an.

REGISTRÉ, &c. & ſera le Roi, très-humblement ſupplié de vouloir bien ſoumettre à une forme probante & authentique la comptabilité des *vingtiemes & de la capitation, ainsi que l'est celle des tailles & autres impositions, pour mettre sa Chambre des Comptes en état de connoître le montant effectif des rôles de capitation & des vingtiemes, ensemble les décharges & modérations accordées sur lesdites impositions : &* sera l'arrêté de ce jour, fait par la Chambre, au sujet dudit édit, porté & remis au Roi, par M. le Premier Président.

DISCOURS prononcé au Roi, par M. le Premier Président de la Chambre, en conséquence de cet enregistrement.

SIRE,

VOTRE Chambre des Comptes ne paroît au pied du Trône qu'après avoir obéi ; elle a cru devoir l'exemple de la soumission au reste de vos Sujets.

L'enregistrement d'un troisieme vingtieme sans modification, SIRE, est un nouveau témoignage de son repect pour vous, & de sa confiance dans votre amour pour vos Peuples.

Après le sacrifice de son obéissance, votre Chambre des Comptes vous offre par ma voix, l'hommage de ses observations.

Elle craindroit, SIRE, d'affliger votre cœur par le tableau des charges que supportent vos Sujets ; elle croit néanmoins de sa fidélité & de son devoir, de rappeler à VOTRE MAJESTÉ, qu'elles se sont accrues depuis son avénement à la Couronne.

Pour soutenir une guerre honorable à sa Nation, & dont le motif étoit digne de la bienfaisance de VOTRE MAJESTÉ, il paroît que successivement l'on a employé toutes les ressources.

On a établi des loteries ; on a ouvert des emprunts ; l'intérêt & la cupidité eussent été insuffisans pour les remplir ; la confiance dans votre parole sacrée, l'enthousiasme national, ont seuls déterminé les prêteurs.

A l'emprunt, l'on a fait succéder l'impôt.

Tous les ordres de l'Etat viennent de s'empresser d'offrir des vaisseaux à VOTRE MAJESTÉ : un événement malheureux a donc servi à révéler le secret de nos forces, & à faire éclater notre amour pour notre souverain.

Un troisieme vingtieme, SIRE, dans ces circonstances, doit être le dernier sacrifice et devenir le présage d'une paix glorieuse et prochaine.

Votre Chambre des Comptes, SIRE, espere que vous trouverez dans votre sagesse, dans les avantages d'une économie sévere, dans le rétablissement de l'ordre dans toutes les parties de l'Administration, le moyen de la procurer à vos Sujets.

Vous les aimez, SIRE, & vous n'attendrez point le terme défini par votre Edit, pour les soulager du troisieme vingtieme, & des nouveaux subsides, qui pesent sur leur existence ; VOTRE MAJESTÉ sait bien qu'ils les supportent avec courage, parce qu'ils connoissent les regrets qu'il lui en a coûté pour les imposer.

EDIT DE DECEMBRE 1782,

Portant création de dix millions de rentes perpétuelles au denier 20 sans retenue, remboursables en quatorze années.

Registré le 31 desdits mois & an.

REGISTRÉ, à la charge par le Garde du Trésor Royal, de compter dans son compte de l'ordinaire dudit Trésor Royal, des fonds en argent qui y seront versés, provenant dudit emprunt, &, dans son compte des remboursemens, des contrats de rentes qui se trouveront éteints par l'emploi qui en sera fait sur ledit emprunt, à la charge pareillement par le trésorier de la caisse des arrérages, de compter, tant du paiement des rentes créées par le présent Edit, que des remboursemens des capitaux d'icelles qui seront effectués. Et en outre, à la charge que conformément à la Déclaration du Roi, du 21 novembre 1763, il sera dressé procès-verbal tous les six mois par les Commissaires de la Chambre à ce députés, des quittances de finance au porteur, échues en remboursement & du brulement qui en sera fait, pour être lesdits procès-verbaux, rapportés au jugement des comptes dudit Trésorier de la Caisse des arrérages.

DECLARATION

DÉCLARATION DU 20 NOVEMBRE 1782.

Qui dispense les Trésoriers de la Guerre, de la Marine, de la Maison du Roi et autres Comptables nouvellement créés et établis depuis l'année 1778, de faire contrôler leurs quittances comptables.

Regiſtrée le 21 Janvier 1783.

REGISTRÉE, *et ſera le Roi, très-humblement ſupplié de maintenir l'exécution de l'ordonnance du mois d'Août 1669, concernant la comptabilité et le contrôle des quittances comptables.*

ÉDIT DE DECEMBRE 1783.

Portant ouverture d'un emprunt de cent millions en rentes viageres.

Regiſtré le 31 deſdits mois et an.

REGISTRÉ à la charge par le Garde du Tréſor Royal y dénommé, de compter en la Chambre par un Chapitre diſtinct et séparé de la totalité de la recette dudit emprunt : & ſera le Roi très-humblement ſupplié de conſidérer que ſi les vues de bienfaiſance, de juſtice & d'économie annoncées dans le préſent Edit, ſont capables d'exciter la confiance & la reconnoiſſance publiques, leur entiere et invariable exécution peut ſeule opérer le rétabliſſement des finances, aſſurer le crédit de l'Etat & faire le bonheur de ſes Sujets.

DÉCLARATION DU 25 DECEMBRE 1783.

Qui fixe la forme & les délais dans leſquels il ſera compté par Henri Clavel, du recouvrement des droits des hypotheques, depuis le premier janvier 1772, juſqu'au dernier ſeptembre 1777 ; enſemble des droits réunis depuis le premier octobre 1774 juſqu'audit jour dernier ſeptembre 1777.

Regiſtrée le 2 mars 1784.

REGISTRÉE à la charge par ledit Henri Clavel & ſes cautions, de compter en la Chambre du produit defdits droits réunis à ceux des hypotheques y mentionnés dans les délais & dans la forme prefcrite par ladite Déclaration. *Et fera le Roi très-humblement fupplié en tout tems & en toutes occafions, de vouloir bien établir une forme réguliere & probante pour compter des regies des droits qui lui appartiennent.*

ÉDIT D'AOUT 1784.

Portant création d'une nouvelle Caiffe des Amortiffemens, à commencer du premier janvier 1785, et réglement à ce fujet.

Regiftré le 23 décembre audit an.

REGISTRÉ à la charge par le Tréforier de la Caiffe des Amortiffemens, créée par le préfent Edit, de compter en la Chambre dans le tems de l'ordonnance; que les Directeurs de ladite Caiffe, qui feront nommés en exécution de l'article 3 dudit édit, feront tenus de dreffer en préfence des Commiffaires de la Chambre, les procès-verbaux de rembourfemens qui feront opérés à ladite Caiffe, & d'y faire mention des effets au porteur qui auront été rembourfés & auront été incendiés en préfence defdits fieurs Commiffaires, & d'y comprendre également la nature, les numéros & les capitaux rembourfés en contrats par le Tréforier de ladite Caiffe, & de laiffer entre fes mains lefdits contrats & pieces juftificatives de propriété en vertu defquelles lefdits remboursements auront été faits, pour être par lui rapportés au jugement de fes comptes.

LETTRES PATENTES DU 31 OCTOBRE 1784,

Portant fixation de la Finance de l'office de Tréforier Payeur des Dépenfes diverfes, à la fomme de 700,000 L. au lieu de celle de 400,000 l. & réglement pour fa comptabilité.

Regiftrées le 31 décembre 1784.

REGISTRÉES à la charge par le Tréforier des dépenfes diverfes, de faire regiftrer en la Chambre, la quittance de l'augmentation de finance de fon office, qu'il fera tenu de payer en exécution de l'article premier defdites lettres; &, par le Contrôleur dudit Tréforier qui fera établi conformément à l'article 6, de faire regiftrer fes lettres de commiffion & de prêter ferment en la Chambre. Et en outre à la charge par le Garde du Tréfor Royal en exercice, de fe charger en recette, dans fon compte, du montant de ladite augmentation de finance payée par ledit Tréforier; & par les Gardes du Tréfor Royal, chacun dans leur année d'exercice, *de compter de la dépenfe des Ecoles Vé-térinaires* mentionnées en l'article 8 defdites lettres; à l'effet de quoi le préfent arrêt leur fera fignifié à la requête du Procureur-Général.

EDIT DE DECEMBRE 1784.

Portant création d'un emprunt de cent vingt-cinq millions, portant intérêt à cinq pour cent.

Regiftré le 14 janvier 1785.

REGISTRÉ à la charge par le garde du Tréfor Royal & le Tréforier général de la caiffe des Amortiffemens dénommés audit Edit, de de compter, chacun en droit foi, des recettes & dépenfes dudit emprunt dans le temps de l'Ordonnance : *Et fera le Roi très-humblement fupplié de confidérer que des emprunts auffi multipliés, tendent à énerver le crédit de l'Etat, ou néceffiteront par la fuite, pour maintenir la fidélité des engagemens, à recourir à des reffources qui affligeroient le cœur dudit feigneur Roi ; & que les efforts des Peuples font épuifés ; enfin qu'on ne peut obtenir un meilleur ordre dans les Finances, que par l'économie la plus févère & la plus fuivie, la fage fixation dans les dépenfes des départemens* ET L'ACCÉLÉRATION DE LEURS COMPTA-BILITÉS.

LETTRES-PATENTES DU 15 FÉVRIER 1785,

*Portant don à la Reine d'une somme de six millions, pour être par elle
employée en telles acquisitions qu'elle voudra : laquelle lui sera
payée en trois Ordonnances de comptant de deux millions chacune ;
la premiere dès-à-présent ; la seconde au dernier décembre prochain,
& la troisieme au dernier décembre 1786.*

Regiſtrées le 19 février 1785.

REGISTRÉES pour jouir par la Reine de l'effet & contenu en
icélles : *& sera le Roi très-humblement supplié de considérer que l'a-
bandon du terrein & des matériaux d'une forteresse désignée esdites lettres, porte un caractere domanial ; & qu'il est de sa sagesse de maintenir les Loix precieuses qui assurent la conservation de tous les objets
dépendans du domaine de la Couronne.*

LETTRES PATENTES DU 29 MARS 1785,

*Par lesquelles Sa Majesté confirme & ratifie le contrat d'acquisition
fait par la Reine, du château de S. Cloud & de ses dépendances.*

Regiſtrées le 23 Avril 1785.

REGISTRÉES, &c... & jouir par la Reine, de l'effet & contenu en
icelles, *s'en raportant avec confiance, la Chambre, pour l'exercice de
la faculté de disposer, aux sentimens de la Reine pour le Roi & à sa
tendresse pour ses augustes enfans.*

LETTRES-PATENTES DU 20 SEPTEMBRE 1785,

*Qui réglent la forme & les frais des comptes à rendre à la Chambre
par l'administration des domaines.*

Regiſtrée le 15 décembre 1785.

REGISTRÉES à la charge, par les adminiſtrateurs du domaine,

de fe conformer aux Edits, Déclarations, Lettres-Patentes & Arrêts
intervenus fur la comptabilité du domaine, & notamment aux Arrêts
de la Chambre, des 26 août 1777, 10 feptembre 1778 & 18 feptembre 1784; & en conféquence de rapporter un état en détail de
la confiftance des domaines & des différents droits qui leur appartiennent; enfemble celui des cens & rentes, contenant la dénomination détaillée des généralités, élections & paroiffes, fur lefquelles
les cens & rentes font affis, à l'effet de réunir dans les dépôts de la
Chambre, tous les titres & renfeignemens qui peuvent intéreffer le
domaine du Roi, & faciliter fa confervation; & fera le Roi très-
humblement fupplié en tous temps & en toutes occafions, de conferver fa Chambre des Comptes dans l'intégrité des droits qui lui ont
été attribués par les chartes de fes auguftes prédéceffeurs.

ÉDIT DE JUILLET 1785,

*Portant fuppreffion des fix offices de receveurs particuliers des finances
de la Ville de Paris.*

Regiftré le 20 décembre 1785.

REGISTRÉ, à la charge par les receveurs-généraux des finances de
la Ville de Paris, de compter de toutes les recettes & dépenfes ci-
devant faites par les receveurs particuliers des impofitions de ladite
Ville, fupprimés par le préfent édit, dans le délai prefcrit auxdits
receveurs particuliers, & de demeurer lefdits receveurs-généraux des
finances, perfonnellement garans & refponfables de la perception de
toutes les impofitions de ladite Ville de Paris, à compter du premier
janvier 1786 : *& fera le Roi très-humblement fupplié en tous temps &
en toutes occafions de faire un réglement fur cette comptabilité qui, en
l'affujettiffant aux regles prefcrites pour les autres natures de comptes,
mette la Chambre à portée de remédier* AUX ABUS QUI S'Y SONT
INTRODUITS.

ÉDIT DE DÉCEMBRE 1785,

Portant création de quatre millions de rentes héréditaires remboursables en dix ans.

Regiſtré le 11 Janvier 1786.

REGISTRÉ, à la charge par le garde du Tréſor-Royal, le tréſorier de la caiſſe des Amortiſſemens, & les payeurs des rentes de l'Hôtel-de-Ville de Paris, dénommés audit Édit, de compter, chacun en droit ſoi, dans les délais de l'Ordonnance, des recettes & dépenſes dudit emprunt : & ſera le Roi très-humblement ſupplié de faire adreſſer à ſa *Chambre des Comptes les Loix de finance avant que leur exécution ne ſoit conſommée, pour la mettre en état d'offrir audit ſeigneur Roi, & d'une maniere utile au bien de ſon ſervice, le tribut de ſon zele & de celui de ſes obſervations.*

LETTRES-PATENTES DU 5 JANVIER 1786,

Portant fixation & validation de la recette faite au Tréſor-Royal, pour le capital des rentes dites de Hollande, à huit pour cent ſur une tête, à ſept pour cent ſur deux têtes, à la ſomme de cent quinze millions, trente-deux mille cent deux livres treize ſols trois deniers, *au lieu de* vingt-ſix millions ſept cent quatre-vingt-cinq mille ſept cent quinze livres, *à quoi le capital deſdites rentes avoit été fixé par Lettres-Patentes du 30 Septembre 1771, portant ratification du contrat deſdites rentes viageres aux ſieurs Horneca, Hogguer & Compagnie, Banquiers à Amſterdam.*

Regiſtrées le 22 Février 1786.

REGISTRÉES, & ſera le Roi très-humblement ſupplié *de ne plus permettre d'augmenter à l'avenir aucun emprunt au-delà des ſommes portées dans la Loi qui les autoriſe.*

EDIT DE FEVRIER 1786,

Portant création de huit offices de receveurs-particuliers des finances de la Ville de Paris, dont ſix pour le recouvrement dans ladite ville & ſes fauxbourgs, de toutes les impoſitions autres que la capitation

*de la Cour & les vingtiemes des offices & droits ; le septieme pour
celui de ces deux impositions seulement, & le huitieme pour le recouvrement du rachat des boues & lanternes, & état y énoncés.*

Regiſtré le 4 Avril audit an.

REGISTRÉ, à la charge par ceux qui ſeront pourvus des huit
offices de Receveurs-Particuliers des Finances de la Ville de Paris,
créés par ledit Edit, autres que ceux mentionnés en l'art. 4 d'icelui,
de préſenter en la Chambre leurs proviſions & quittances de finance,
pour y être regiſtrées, & de prêter ſerment en icelle en la maniere
accoutumée, le tout conformément aux ordonnances, & notamment à
l'art. premier de celle du mois d'Août 1669, *& encore à la charge que leſdits receveurs-particuliers des finances de la Ville de Paris, dont la
comptabilité directe en la Chambre ſe trouve réunie à celle des receveurs-
généraux des finances de ladite Ville, continueront d'être ſoumis, comme
par le paſſé, à la juriſdiction de la Chambre, & ſpécialement dans les
cas prévus par les art. 16 & 17 dudit Edit : & encore ſans que
d'après les diſpoſitions de l'article 14 dudit Edit, leſdits receveurs-généraux des finances puiſſent prétendre être diſpenſés de rapporter ſur les
comptes qu'ils rendront en la Chambre les pieces-juſtificatives preſcrites par les art. 2, 8, 10, 14, & 15 de la Déclaration du Roi du 30 Novembre 1778 ; & ſera le Roi très-humblement ſupplié de ſuppléer à
l'inſuffiſance de ladite Déclaration, par une nouvelle Loi, que ſa Chambre des Comptes a toujours ſollicitée* SUR LA COMPTABILITÉ DES IMPO-
SITIONS DE LA VILLE DE PARIS, *à l'effet d'aſſurer au Tréſor-Royal
le verſement intégral du montant deſdites impoſitions.*

DÉCLARATION DU PREMIER JUIN 1786,

*Portant faculté de convertir en contrats les billets au Porteur, de
l'Édit de Décembre 1784.*

Regiſtrée le 18 Septembre 1786.

REGISTRÉE, à la charge par le Tréſorier-Général de la Caiſſe des
Amortiſſemens, de compter des arrérages deſdites conſtitutions dans
le tems de l'Ordonnance ; & ſera le Roi très-humblement ſupplié de

conſidérer que les diſpoſitions de ladite Déclaration, tendent à dénaturer l'eſprit & l'objet de l'Edit du mois de Décembre 1784, & que la conſervation propoſée en contrats, des billets d'emprunts qui doivent être rembourſés à des époques déterminées, quoique volontaires, & pour procurer des facilités aux Sujets dudit Seigneur Roi, devient réellement pour l'Etat une ſurcharge perpétuelle, qui n'auroit été que momentanée aux termes de l'Edit de Décembre 1784.

DECLARATION DU 23 FEVRIER 1786,

Qui révoque celles des 2 Juillet 1765, 4 Février 1780, & toutes autres diſpoſitions par leſquelles les rentes dues par le Roi, ne pourroient être rembourſées par la voie de la reconſtitution, lorſqu'elles ſe trouvoient chargées de douaires, ou grevées de ſubſtitution : permet de reconſtituer leſdites rentes, & preſcrit la forme à obſerver pour leſdites reconſtitutions.

Regiſtrée le 13 Mars 1787.

Regiſtrée, à la charge que les propriétaires des rentes chargées de ſubſtitutions qui ſe feront reconſtituer à eux mêmes leſdites rentes, ne pourront ſe les faire reconſtituer qu'à la charge deſdites ſubſtitutions; & en outre, à la charge que les rentes poſſédées par les comptables, autres que les payeurs des rentes de l'Hôtel-de-Ville de Paris, ſur leſquels le Roi a une hypothèque toujours ſubſiſtante, même après les lettres de ratification, aux termes de la Déclaration du Roi, du 4 Novembre 1680, regiſtrée en la Chambre le 2 dudit mois, ne pourront être reconſtituées qu'en ſe conformant aux formalités preſcrites par ladite déclaration du 4 Novembre 1680. Et encore, à la charge par les gardes du Tréſor-Royal en exercice, de compter dans leurs comptes des rembourſemens de reconſtitutions par chapitres ſéparés & diſtingués, par nature d'effets, des recettes & dépenſes des reconſtitutions, de maniere que leſdites recettes & dépenſes ſe trouvent balancées, & ſeront ladite Déclaration & le préſent Arrêt, ſignifiés à la requête du Procureur-Général du Roi, aux gardes du Tréſor-Royal, & notifiés aux Syndics des payeurs des rentes & des Notaires de la Ville de Paris, &c.

LETTRES

LETTRES-PATENTES DU 28 SEPTEMBRE 1786.

Sur arrêt du Conseil du même jour, qui ordonne que Joseph Basile Ponsignon sera mis en possession de l'administration des domaines & droits domaniaux appartenans au Roi pour six années, à commencer du premier Janvier 1787.

Registrées le 12 Mai 1787.

Registrées, à la charge par les administrateurs du domaine, cautions dudit Ponsignon, de faire registrer en la Chambre dans un mois, à compter du jour de l'enregistrement des présentes, le résultat du Conseil & les lettres-patentes sur icelui, qui réglent les conditions de ladite Régie, & par ledit Ponsignon d'en compter en la Chambre dans les délais de l'ordonnance, en se conformant aux Edits, Déclarations, Lettres-Patentes & Arrêts intervenus sur la comptabilité du Domaine, notamment aux Arrêts de la Chambre, des 26 Août 1777, 10 Septembre 1778, 18 Septembre 1784 & 15 Décembre 1785, à la charge sur l'article 5 desdites Lettres, que la caisse des bois ecclésiastiques & des communautés y énoncées, continuera d'être soumise à l'inspection des Juges royaux des lieux : & sur l'article 7, *que ledit Ponsignon sera tenu de remettre en la Chambre, les terriers, aveux, reconnoissances, déclarations, contrats d'engagement & autres titres concernant la propriété du domaine du Roi, aussi-tôt qu'il en aura fait le recouvrement ; & sera le Roi très-humblement supplié de vouloir bien maintenir sa Chambre des Comptes* DANS L'INSPECTION DE TOUTES LES CAISSES DE SES FINANCES, *conformément aux ordonnances du mois de Novembre 1323, Janvier 1407 & 25 Mai 1413,* A L'EFFET D'ASSURER LA FIDÉLITÉ DE LEUR MANIEMENT ET LA CONSERVATION DES DENIERS DUDIT SEIGNEUR ROI.

ARRÊTÉ DE LA CHAMBRE,

Après le Lit de Justice du 17 Août 1787.

LA Chambre délibérant sur ce qui s'est passé en ladite Séance, a dé-

G

claré qu'elle perfifte dans les protestations & réferves contenues en son arrêté de cejourd'hui, & confidérant que la fubvention territoriale est une impofition indéfinie, & une véritable détraction de la proprieté ; que la Déclaration du Timbre préfente des difpofitions affligeantes & défaftreufes, deftructives du Commerce & préjudiciables à la tranquillité des Citoyens. Que l'impôt doit être mefuré fur le befoin réel, & qu'il n'a été donné connoiffance à la Chambre, ni du montant du déficit ni de celui des bonifications ; qu'enfin, fuivant les formes conftitutionnelles de la Monarchie, une nouvelle nature de fubfides exige le confentement de la Nation ; a déclaré nulle & illégale la tranfcription faite fur fes regiftres d'impofitions nouvelles qui ne peuvent être confenties que par les Etats-Généraux. Et fera le Roi très-humblement fupplié de rendre à la Capitale & à la Juftice qui les réclament des Magiftrats dont la conduite a été dictée par le patriotifme le plus pur & par l'attachement le plus vrai aux intérêts dudit Seigneur Roi, inféparables de ceux de fes peuples.

DECLARATION DU 27 JUIN 1787,

Portant converfion de la corvée en une preftation en argent.

Regiftrée le 18 Août 1787.

Regiftrée, à la charge qu'il fera compté des deniers provenant de la contribution de la corvée par ceux qui en feront le recouvrement, lefquels feront tenus de rapporter fur la recette de leurs comptes, les états de répartition ; & fur la dépenfe, les devis, adjudication & autres pieces juftificatives de ladite dépenfe. *Et fera le Roi très-humblement fupplié de confidérer que fes peuples font déjà grevés d'impofitions confidérables,* & qu'aux termes de fa déclaration du 13 Février 1780, regiftrée en la Chambre le 13 Mars fuivant, l'impofition de la *taille ne devoit point être augmentée.* En conféquence de vouloir bien modérer ladite impofition pour l'année 1787, aux befoins indifpenfables ; & , pour les années fubféquentes, *de faire arrêter tous les ans par les administrations provinciales un état de contribution par généralité, lequel état ne pourra jamais excéder la fomme néceffaire dans l'année pour la* conftruction & l'entretien des chemins, chauffées & autres ouvrages ci-devant faits par corvées; *d'ordonner qu'il ne fera impofé aucune fomme l'année fuivante, q'en conféquence d'un nouvel état, lequel fera dépofé au greffe de la Chambre, pour y avoir recours en tems & lieu ; & enfin d'ordonner que le montant de ladite impofition fera mis & dépofé dans une caiffe particulière, à l'effet de faciliter le paiement des entrepreneurs,* D'ASSURER L'EMPLOI DES DENIERS, CONFORMÉMENT A LEUR DESTINATION.

LETTRES-PATENTES DU 12 Août 1787,

Qui valident la recette faite au Tréfor-Royal, au-delà du capital des trois millions de rentes viageres, créés par l'édit de Mars 1782

Regiftrées le 19 Septembre 1787.

M. LAMBERT, CONTRÔLEUR GÉNÉRAL , SÉANT AU BUREAU.

REGISTRÉES, *à la charge que les gardes du Tréfor Royal feront tenus dorénavant, de juftifier à la Chambre de la clôture des emprunts auffitôt qu'ils auront été remplis ; leur faifant defenfes, ladite Chambre, de recevoir aucuns deniers dans les emprunts ouverts au-deffus de la fomme portée par les loix conftitutives defdits emprunts, fous peine d'en répondre en leurs propres & privés noms ;* ordonne en conféquence la chambre, que le préfent arrêt fera fignifié à la requête, pourfuite & diligence du procureur général, aux gardes du Tréfor Royal, à ce qu'ils n'en ignorent, & aient à s'y conformer : *& fera le Roi très-humblement fupplié de trouver bon qu'il lui foit repréfenté, par fa Chambre des comptes, que l'intérêt public & celui de fes finances,* NE PERMETTENT POINT A SA CHAMBRE DES COMPTES, D'ENTRER A L'AVENIR DANS L'ENREGISTREMENT D'AUCUNES LETTRES DE VALIDATION DE PAREILS EMPRUNTS.

G ij

EDIT DE SEPTEMBRE 1787,

Qui revoque tant celui du mois d'août précédent. portant suppression des deux vingtiemes, & établissement d'une subvention territoriale, que la déclaration du 4 août concernant le timbre ; & proroge le second vingtieme pendant les années 1791 & 1792.

Regiftré le 13 Novembre 1787.

Vu ledit édit ; la chambre, nonobstant les réformes multipliées qui vont s'opérer, & qu'elle ne cessera de supplier le Roi d'étendre à tous les abus ; persuadée de la triste nécessité de proroger le second vingtieme pendant les années 1791 & 1792, pour rétablir l'ordre dans les finances, & pour assurer la fidélité des engagemens ; considérant que de toutes les impositions, l'imposition la moins onéreuse est celle qui est depuis long-tems établie, dont la quotité est déterminée, & le terme défini : a ordonné & ordonne ledit édit être regiftré, pour être exécuté selon sa forme & teneur. Et sera le Roi très - humblement supplié de considérer que le devoir & le véritable objet de la chambre des comptes, sont de connoître légalement & en détail le montant de toute imposition, & que, pour donner à celle des vingtiemes toute l'égalité & la perfection que veut lui procurer ledit seigneur Roi, il est de sa sagesse d'adresser incessament à sa cour des finances, un règlement qui soumette à l'inspection & à la surveillance de la loi, la connoissance du montant de cette imposition, ainsi que celle des modérations accordées & des non valeurs dans le recouvrement, *OPÉRATIONS DEPUIS LONG-TEMS SOUMISES A L'ARBITRAIRE*, & devenues la source egalement féconde *DES INJUSTICES ET DE LA FAVEUR*, & souvent désaftreufes pour les finances.

EDIT DE NOVEMBRE 1787,

Portant suppreſſion des charges de tréſoriers des revenus caſuels du Roi & du marc d'or, & des places de contrôleur du marc d'or, de tréſorier de la caiſſe des amortiſſemens, de directeurs & contrôleur de ladite caiſſe, à compter du premier janvier prochain.

Regiſtré le 31 Décembre 1787.

Regiſtré, à la charge par Me. Savalette de Langes, garde du tréſor royal, par les adminiſtrateurs généraux du domaine du Roi, & les payeurs des rentes de l'Hôtel-de-Ville de Paris, de compter en la chambre, chacun en droit ſoi, dans les délais de l'ordonnance, tant en recette qu'en dépenſe; ſavoir, par ledit Savalette, par un compte diſtinct & ſéparé du montant des rembourſemens; par les adminiſtrateurs généraux des domaines du Roi, du produit des revenus caſuels, par quatre comptes diſtincts & ſéparés; du droit de marcs d'or, par un compte auſſi diſtinct & ſéparé; & par les payeurs de rentes, en la maniere accoutumée; à la charge en outre qu'il ſera dreſſé, par les commiſſaires de la chambre, des procès - verbaux des rembourſemens des diverſes natures d'effets compris en l'art. IV dudit édit; et que les coupons & effets au porteur ſeront incendiés en préſence deſdits commiſſaires, au fur & à meſure de leurs paiemens, et que la dépenſe n'en ſera paſſée dans les comptes dudit Me. Savalette de Lange, que ſur le vu deſdits procès-verbaux de rembourſemens & brûlemens deſdits effets, & encore à la charge par ledit Me. Darras, ci-devant tréſorier général de la caiſſe des amortiſſemens, de préſenter ſucceſſivement à la chambre tous les comptes de ſes excercices, de trois mois en trois mois, à compter du premier janvier 1788, ſous peine de 300 livres d'amende par mois de retard par chaque compte. *Et ſera le Roi très-humblement ſupplié de choiſir parmi les officiers de ſa chambre des comptes, les deux commiſſaires qui doivent être chargés de clôre les regiſtres des tréſoriers ſupprimés aux termes de l'art. VIII dudit édit; comme auſſi d'adreſſer inceſſamment à ſa*

chambre des comptes un nouveau reglement sur les revenus casuels, &
le droit de marc d'or qui assure l'intégralité de leur perception, &
l'exactitude dans leur comptabilité, & à CET EFFET D'ENVOYER
A SA CHAMBRE DES COMPTES, EN EXÉCUTION DE L'É-
DIT DE FÉVRIER 1771, LE RÔLE GÉNÉRAL DES ÉVALUA-
TIONS DES OFFICES DE FRANCE |; & sera le présent édit im-
primé & signifié, *&c.*

EDIT DE NOVEMBRE 1787,

Portant création d'emprunts graduels & successifs pendant cinq ans.

Regiſtré le 17 janvier 1788.

Regiſtré, *&c.* ſans que les diſpoſitions de l'art. 26 dudit édit puiſſent nuire ni préjudicier à la juriſdiction de la chambre, & à ſon
droit excluſif de juger la forme & la validité des acquits ; à la charge
que les numéros des reconnoiſſances au porteur ſeront énoncés dans
les quittançes de finance & contrats faits en conſéquence, & dans
les billets au porteur, mentionnés dans les articles 14 & 15 du préſent édit ; qu'il ſera dreſſé, par les commiſſaires de la chambre, des
procès-verbaux de brûlement des coupons d'intérêt deſdits billets au
porteur énoncés en l'art. 19, & des procès-verbaux de rembourſement & brûlement des effets mentionnés en l'art. 20 dudit édit,
& que la dépenſe n'en ſera paſſée dans les comptes que ſur le vu deſdits procès-verbaux de rembourſement & brûlement ; à la charge,
en outre, par Me. de la Borde de Méreville, garde du tréſor-royal,
de compter en la chambre, dans ſon compte de l'année 1788, du montant des 120 millions ; & des autres emprunts graduels & ſucceſſifs
dans ſes comptes, des années ſubſéquentes, & ce, par chapitres diſtincts & ſéparés : *comme auſſi, en ſe conformant à l'arrêt de la chambre*
du 19 ſeptembre 1787, de juſtifier à la chambre de la clôture de
chacun deſdits emprunts, dès qu'ils auront été remplis, ſans que
les gardes du tréſor royal, ſous quelque prétexte que ce ſoit, puiſſent recevoir auçuns deniers au-delà de la ſomme fixée par le pré-

fent édit , à peine de CONCUSSION & à la charge encore par ledit de la Borde de remettre exactement fur les fonds defdits emprunts, à Me. Savalette de Langes, fon compagnon d'office , chargé de la caiffe des amortiffemens, les fommes néceffaires à l'acquit des enga-gemens du Roi à termes fixes , & autres rembourfemens ordonnés par divers édits & déclarations. *Et fera le Roi très-humblement fupplié, & d'après la parole folemnelle qu'il en a donné à fes peuples , d'à-dreffer inceffamment à fa chambre des comptes l'etat général de fitua-tion des finances, CELUI DES PENSIONS & celui des recettes & dépenfes de 1787 , & de continuer ainfi d'années en années les mêmes envois.*

EDIT DE MARS 1788,

Portant fuppreffion de tous les offices de Gardes du Tréfor Royal, de Tréforiers de la Guerre , de la Marine, de la Maifon du Roi & de la Reine , des bâtimens , des dépenfes diverfes , des Ponts & Chauffées , & création de cinq Adminiftrateurs pour gérer conjoin-tement tout ce qui concerne les recettes & dépenfes du Tréfor Royal.

Regiftré le 28 Avril 1788.

REGISTRÉ pour être exécuté felon fa forme & teneur, fans néan-moins qu'il puiffe être dérogé, en vertu de l'article premier dudit édit , aux difpofitions portées en celui d'octobre 1781 , concernant les Offices de Tréforier général & Contrôleurs généraux de la Mai-fon de la Reine, & aux charges, claufes & conditions ci-après. Sa-voir , fur l'article 2, que le Contrôleur des quittances de la Maifon du Roi, ne pourra être rembourfé du prix de fa finance qu'après la remife en la Chambre de fes regiftres de Contrôle. Sur l'article 4, que pour prévenir tout divertiffement des deniers royaux ; & pour affurer le crédit de l'Etat qui repofe effentiellement fur la ftabilité *& fur l'exécution des loix , l'infpection de la Caiffe générale fera faite au moins une fois le mois & fans frais , par des Commiffaires de la Chambre par elle nommés à cet effet & fuivant le vœu de l'ordon-*

nance du 7 janvier 1407, portant article 16 : « que en la fin de
» chacun mois soit vu en plein Burel en la Chambre de nos Comptes
:» l'état de notre Trésor tant en recette qu'en dépense, afin que par
» les gens de nosdits Comptes, soit pourvu & remédié, s'il y a aucunes
» choses faites autrement que appoint & que par eux nous soyons ad-
» vertis & advisé sur ce pour y pourvoir, ainsi qu'il appartiendra (1) ».
Sur l'article 5, que le premier commis de chaque département sera
tenu de faire connoître sa signature en se faisant immatriculer au greffe de
la Chambre. Sur l'article 6, que les cinq administrateurs créés par ledit
édit, prêteront en la chambre le serment accoutumé, & y feront registrer la quittance de finance de leur cautionnement, & qu'ils seront tenus
en leurs propres & privés noms, de toutes les condamnations qui pourront être prononcées au jugement de leurs comptes. *Et sera le Roi très-*
humblement supplié de créer un contrôleur particulier de l'administrateur
du département de la caisse générale, qui sera reçu en la chambre, & y
remettra à la fin de chaque année son registre de contrôle ; & de choisir
parmi les officiers de sa Chambre des comptes, les commissaires qui
doivent être chargés de clorre les registres des Trésoriers supprimés ; comme aussi de péser dans sa sagesse les inconvéniens qui pourront résulter
de la disposition du présent édit, qui charge ledit seigneur Roi de
tous les frais d'exercice des nouveaux administrateurs, & de considérer que ce régime essayé en 1778, pour les départemens de la guerre
& de la Marine, fut abrogé en 1782, & jugé onéreux aux finances
de l'Etat, d'après l'expérience des trois années 1779, 1780 & 1781,
& qu'il paroîtroit plus avantageux de laisser aux administrateurs des
départemens de la guerre & de la marine, comme par le passé, la

(1) Réglement précieux & dont le Roi François Ier. reconnut la sagesse, lorsque par ses lettres du 7 février 1531, il confia au premier & à l'ancien des Prési-
dens de la Chambre des Comptes & en l'absence de l'un deux, à un Conseiller
maître, *les clefs des coffres où étoient renfermés les deniers des domaines,*
tailles, aides & subsides déposés par l'ordre de ce Prince *dans l'une des tours*
du Louvre.

charge

charge de tous les frais, mais de ne leur accorder que des taxations
proportionnées à leur travail & à leur responsabilité; & sera encore
ledit Seigneur *Roi très-humblement supplié d'adresser à sa chambre
des comptes les réglemens des nouvelles comptabilités établies par le
présent edit.*

DECLARATION DU 23 SEPTEMBRE 1788.

*Qui ordonne que l'Assemblée des Etats Généraux aura lieu dans le
courant de janvier 1789, & que les Officiers des Cours reprendront
l'exercice de leurs fonctions.*

Registrée le 24 desdits mois & an.

REGISTRÉE en la chambre, en persistant néanmoins dans ses précédens arrêtés, & sans approbation des édits & déclarations regis-
trés par voie d'autorité, le 8 mai 1788, & de tout ce qui les auroit précédé & suivi, & notamment de l'interruption de service aussi
contraire aux loix, que préjudiciable aux intérêts du Roi & à ceux
de ses peuples. Et sera le Roi très-humblement supplié d'accorder à
sa chambre des comptes, des lettres de prorogation pendant le tems
de ses vacances, établies par la déclaration du 21 septembre 1645;
Lettres que sollicitent également son zele & le meilleur ordre des finances, & dont M. le Premier Président sera chargé d'obtenir la
prompte expédition.

Discours de M. le Premier Président de la Chambre des Comptes, à MONSIEUR, FRERE DU ROI, le 19 mars 1776, lors de sa séance à cette Cour.

MONSEIGNEUR,

(J'obéis aux ordres du Roi, mon Maître.)

LA voix de l'autorité va se faire entendre, pour imprimer la sanction de l'enregistrement à des loix que cette Compagnie ne connoît encore que par les réclamations qu'elles ont excitées.

Nous voudrions faire éclater la joie que votre auguste présence inspire; mais au moment où l'appareil imposant qui vous environne, nous annonce l'acte le plus absolu de la volonté souveraine, elle devient étrangere à nos cœurs, & vous ne trouverez parmi nous que de l'obéissance & du respect.

La vérification libre des Cours n'est point, Monseigneur, une formalité vaine réclamée par les tribunaux; c'est le complément de la loi. Au respectable sceau du pouvoir suprême, il ajoute le sceau toujours désiré de l'opinion, qui seule enchaîne les suffrages.

Réduire les Magistrats au silence, leur interdire la plus noble de leurs fonctions, c'est laisser présumer que leur conscience se seroit élevée contre la loi proposée, ou laisser craindre qu'on ne veuille plus désormais que le sanctuaire de la justice soit l'asyle de la vérité.

Remplissons le devoir que notre ministere nous impose, osons aujourd'hui élever notre foible voix; l'expression de notre zèle peut-elle être plus légitime, Monseigneur? C'est dans votre sein que nous allons déposer nos inquiétudes; vous les porterez aux pieds du trône, vous daignerez être notre interprête auprès d'un Roi ami de la sagesse & de la justice, dont la bienfaisance est la seule passion, & dont on ne peut diriger les vues qu'en préfentant à fon cœur la féduifante image du bonheur public.

Six Édits , Déclarations ou *Lettres - Patentes* vont être publiés devant vous.

La fuppreffion de la caiffe de Poiffy eft fans doute avantageufe au peuple , fans être onéreufe aux finances du Roi ; mais nous aurions défiré que le terme de l'impofition qui la repréfente eût été fixé par la loi , à l'époque où l'impôt primitif devoit finir.

Les *Lettres* portant converfion & modération des droits fur les fuifs , ne procurent point le foulagement qu'elles annoncent. Elles fuppriment , il eft vrai , le fol pour livre qui fe percévoit ; mais reportant bientôt ce droit fur l'entrée des beftiaux qui nous donnent le fuif , elles étendent fur le public un impôt qui ne devoit être fupporté que par les particuliers confommateurs de ces fortes de matieres.

Les raifons puiffantes qui avoient fufpendu , en 1760 , la fuppreffion des offices fur les ports , ordonnée en 1759 , s'élevent encore aujourd'hui avec la même force. Le feu Roi , effrayé d'une maffe de plus de foixante millions de rembourfement , préféra de conferver ces officiers , à fuivre un projet d'amortiffement que fes finances ne lui permettoient point de réalifer. *La dette nationale eft-elle diminuée , & notre fituation n'eft-elle pas toujours la même ?*

Les corvées font remplacées par un impôt *illimité dans fa durée , arbitraire dans fon exécution & rigoureux dans fa perception.* N'étoit-il point des moyens plus doux ? La route même n'avoit-elle pas été tracée ?

Des adminiftrateurs éclairés & patriotes avoient , de l'aveu du gouvernement , effayé la voix de l'abonnement à prix d'argent , & bientôt le fuccès le plus général avoit couronné leur entreprife & confacré leur méthode. Par-là , les corveables , employés aux travaux pour lefquels ils avoient contribué , fe trouvoient recevoir un falaire fupérieur à la taxe qu'ils avoient payée ; par-là , le propriétaire de fonds n'étoit point furchargé d'une impofition nouvelle ; par-là , les priviléges de la nobleffe n'étoient point altérés.

Nous ne tenterons point de réfoudre le grand problème , *fi la*

liberté ou la gêne du commerce font utiles ou nuifibles. Nous ne cher-
cherons point à difcuter les articles multipliés de l'édit des Jurandes ;
une feule réflexion nous fera permife, & la voici, Monfeigneur, le
fyftême des corporations étoit appuyé fur le fuffrage & fur la fuccef-
fion de plufieurs fiécles ; il avoit fubfifté fous l'adminiftration de
Colbert, lorfque ce grand Miniftre, appellant l'induftrie de toutes
parts, faifoit fleurir le regne de Louis XIV. par le commerce, les
manufactures & les arts.

Les Rois, vos ayeux, par des réglemens fages, avoient affuré
l'approvifionnement des marchés. La Capitale fut toujours le premier objet de ces précautions falutaires. *Ils vouloient pourvoir à la
fubfiftance de leurs fujets avant que de permettre les fpéculations du
commerce fur la denrée de premiere néceffité.* Ces inftitutions précieufes
font anéanties, une légiflation nouvelle leur a fuccédé. Ses vues font
auffi pures, fes effets feront-ils auffi heureux? *Si l'intemperie des
faifons, SI L'AVIDITÉ CRIMINELLE DU COMMERÇANT, fi
des malheurs que nous n'ofons prévoir, & que la loi paroît s'interdire
de prévenir, alloient occafionner?...* Ah ! détournons les regards
de cette affligeante perfpective ; puiffe une trifte & tardive expérience ne jamais juftifier nos alarmes ! puiffent toujours les intentions
de notre augufte Monarque être fuivies du fuccès qu'il en a efpéré !

Repofons notre imagination, Meffieurs, fur des objets plus con-
folans, & que l'efpérance renaiffe à la préfence du prince augufte
que nous voyons affis parmi nous. L'éclat de la grandeur, la frivolité
des plaifirs, les féductions de tout genre n'eurent jamais d'attrait pour
lui ; la fenfibilité, la bienfaifance font fes jouiffances ; l'étude dans le
filence, fes feuls délaffemens. Sa modeftie nous l'auroit dérobé, fi
la fageffe de fes décifions, fi l'ordre admirable qu'il a établi dans fa
maifon, fi l'exemple de cette économie qui profcrit la prodigalité &
fuffit à la repréfentation, fi fa touchante affabilité ne l'avoient fait
connoître.

La patrie reclame, Monfeigneur, vos talens & vos vertus. Elle
cherche un interceffeur auprès du trône, à qui peut-elle être plus
chere, & qui peut lui être plus utile? Parcourez notre hiftoire,

depuis que votre auguste maison nous gouverne; vous verrez, pendant huit siécles, les intéréts du Monarque & ceux des sujets toujours
liés & confondus ensemble; la fidélité, l'obéissance d'un peuple immense être toujours le gage & le prix de la bienveillance & de la
protection de ses maîtres, & vous ne pourrez songer, sans attendrisse-
ment, qu'en échange de cet amour qu'il n'appartient qu'à des François d'avoir pour leurs Souverains, nos Rois nous ont promis de nous
rendre heureux.

*DISCOURS de M. le Premier Président de la Chambre des Comptes
à MONSIEUR, FRERE DU ROI, le 17 août 1787, lors
de sa séance pour l'enregistrement de l'Edit pour la Subvention
Territoriale & la Déclaration sur le Timbre.*

MONSEIGNEUR,

(J'obéis à l'ordre exprès du Roi, mon Souverain Seigneur & maître.)

Nos Cœurs soumis respectent l'autorité : ils demanderoient à la
bénir. L'épuisement des finances; la consternation universelle; le
Parlement arraché de son Sanctuaire; l'appareil imposant du pouvoir
suprême; l'opinion publique : tout nous rappelle ce que nous devons
à la Nation & au Roi; fidélité & franchise. Le sentiment de notre
douleur n'affoiblira point les expressions de notre zèle; il les rendra
plus pénétrantes; nous les déposerons dans votre sein, Prince auguste
& révéré, vous les protégerez auprès du Trône; vous serez pour
nous un astre bienfaisant, qui console pendant une nuit orageuse &
profonde.

Un déficit immense vient d'être annoncé à toute l'Europe. On veut
le remplir, on veut empêcher qu'il ne se renouvelle.

Mais après cinq années de paix; après avoir épuisé la confiance &
le crédit; après avoir étendu les emprunts, augmenté les impôts,

comment demander de nouveaux secours à la Nation ; elle gémit sous le poids de 600 millions de subsides, & s'il faut recourir à ce moyen désastreux, le peut-on, avant que d'avoir employé toutes les ressources, consommé tous les sacrifices, connu tous les besoins?

Les Tribunaux n'eurent jamais le droit de consentir & d'octroyer les Impôts. Depuis long-temps la France, en remettant au Souverain le pouvoir d'imposer, l'a rendu l'économe de la fortune publique, & nos Rois *ont chargé la conscience des Cours, de les éclairer, par la vérification, sur les besoins de l'Etat ;* magistrature auguste, qui nous fait peser les intérêts du Monarque & des Sujets, & qui tend à resserrer les liens de l'obéissance & de l'amour.

Et dans quelle circonstance, Monseigneur, ce ministere imposant dût-il être exercé avec plus de scrupule & de courage! Le cœur du Roi est déchiré, & les Peuples gémissent.

Eh! *quoi l'on nous demanderoit aujourd'hui des suffrages avant de nous avoir éclairés : on exigeroit, on suppléeroit notre vœu pour des subsides dont la durée seroit éloignée ou indéfinie, qui seroient inquiétans & désastreux, qui menaceroient le repos des familles, qui énerveroient le commerce, qui tariroient à la fois toutes les sources de la prospérité publique ; & les Cours Souveraines chargées du dépôt de la Loi & de la vérité, resteroient muettes! on les verroit indifférentes sur la gloire du Roi & sur le bonheur de la Nation!...* Non, Monseigneur, *jamais.*

Si les obligations de la Chambre des Comptes sont douloureuses à remplir, du moins sa fidélité ne préjudiciera pas à la Patrie; les fortunes de l'Etat ne sont point menacées, & le Gouvernement a pris des précautions pour assurer les engagemens.

Elle doit désirer l'état des recettes & des dépenses de l'année ; elle *doit demander au Roi* LA SUPPRESSION DES ACQUITS DE COMPTANT, OU DE LES RÉDUIRE A LEUR VÉRITABLE OBJET, *au secret de l'Administration. C'est sous leur voile perfide, que l'on a caché les profusions les plus condamnables,* ET QUE L'INTRIGUE ET LA FAVEUR ONT ÉPUISÉ LES TRÉSORS DE L'ETAT.

Elle demandera que *l'on fixe invariablement les anticipations : dans une Administration sage , elles doivent être proscrites ; dans une Administration qui se régénère , il faut les connoître , les acquitter & n'en plus faire usage.*

Elle suppliera le Roi d'effectuer les retranchemens promis : ils doivent monter à quarante millions ; mais comment espérer une bonification aussi considérable avec les remboursemens, les indemnités que ces retranchemens occasionneront ? --- Comment ? *en y ajoutant la réforme de tous les abus.*

Si ces ressources sont insuffisantes ; si le déficit doit s'alimenter encore de la substance des Peuples, alors les Cours se réuniront pour supplier Sa MAJESTÉ de rendre A LA NATION ASSEMBLÉE, *le pouvoir de consentir les Impôts, & le droit naturel d'être consultée sur le choix des sacrifices.*

NOUS venons de payer le tribut que la Nation attendoit de notre zèle ; suspendons l'accent de notre douleur ; ouvrons encore nos Cœurs à l'espérance, en rendant hommage au Prince auguste que l'on voit assis parmi Nous. Nos Concitoyens nous envieront d'avoir été leur organe. En vain sa modestie repousseroit nos éloges, Nous devions dans le Sanctuaire, le proposer à la vénération publique ; car la reconnoissance a les mêmes droits que la Postérité.

DISCOURS de M. le Premier Président de la Chambre des Comptes A MONSIEUR, FRÈRE DU ROI, lors de sa Séance du 8 mai 1788.

MONSEIGNEUR,

LE voile impénétrable dont on se plaît à couvrir depuis si long-temps la destinée de la magistrature, la consternation qui s'étend du centre aux extrémités du Royaume, le silence d'abattement qui regne dans cette enceinte, parle plus éloquemment que des paroles ; il peint les sentiments de nos cœurs, Puisse cette Assemblée, où va se déployer toute la puiſſance de l'autorité Royale, ne point devenir l'époque triſtement mémorable de la décadence ou de la ſubverſion des Loix.

Les François, Monseigneur, obéiſſent à leur Souverain & à l'honneur; les magiſtrats en donnent, les premiers, l'exemple : heureux accord du ſentiment & des devoirs, conſervez-vous toujours !

Ne pouvant rien prévoir, ignorant tout, n'oſant également eſpérer ni craindre, je ne chercherai point, par de vains diſcours à ſuſpendre les événemens de cette grande journée.

Dans des tems plus heureux, Monseigneur, il m'eût été bien doux de faire votre éloge : organe de la vérité, j'aurois acquitté la reconnoiſſance publique; mais mon ame oppreſſée a perdu toutes ſes facultés.... Elle eſt anéantie par la douleur... Je ranime à peine mes accens pour vous conjurer d'être auprès du Roi notre Dieu tutélaire, & de faire entendre au pied du Trône, le ſerment de notre fidélité & de notre courage.

Nous n'écouterons que le cri de la conſcience, & nous ſerons toujours jaloux de l'eſtime de nos conçitoyens & du jugement de la Poſtérité.

DISCOURS

DISCOURS de M. le premier Préfident de la Chambre des Comptes à M. D'ORMESSON, Contrôleur général, lors de fa preftation de ferment en cette Cour.

MONSIEUR,

ON voit avec plaifir s'élever au miniftere des finances l'héritier d'un nom confacré dans tous les tems à l'eftime publique. Cette Compagnie fe rappelle d'avoir été le berceau de votre famille ; attachée depuis au premier Sénat du royaume, ou bien, admife dans le Confeil de nos Rois, toujours on l'a vue fe moins illuf-trer par les dignités que par les vertus. Ces avantages, Monfieur, étoient fans doute un préjugé pour vous, mais ce n'étoient point des titres. Pouvoit-on fe perfuader qu'aufli jeune, à peine élancé dans la carriere, vous l'auriez aufli-tôt parcourue? C'eft à votre perfonne que l'on rend aujourd'hui un hommage qui fonde notre efpoir. Votre réputation n'a point attendu la maturité des années, elle a feule fixé le choix du Souverain; reftez donc, Monfieur, en faveur de vos concitoyens, reftez femblable à vous-même, & faites ufage pour leur bonheur des qualités qui vous ont fait connoître.

Les obligations de Contrôleur général font devenues immenfes. Le Roi vient de pacifier l'Europe, il a fondé une puiffance nouvelle, il eft l'arbitre des deux mondes; mais ce caractere impofant, il le doit à fes fujets, comme à fes armes. Des fubfides onéreux ont été acquittés comme des contributions volontaires; les emprunts, à peine ouverts, ont été remplis. *La juftice, la bienfaifance du Monarque vous prefcrivent donc également la diminution des impôts & la fidé-lité des engagemens. Les arts de la paix avoient langui pendant la guerre, il faut les faire fleurir, les diriger vers la félicité publique; par-tout l'adminiftrateur éclairé & patriote doit porter l'abondance & la vie.*

I

Mais quels seront les moyens offerts à votre génie & à votre zele?
L'ORDRE ET L'ÉCONOMIE.

La raison & la régle seront vos seules recommandations, vous éclairerez toutes les dépenses; s'il est nécessaire, vous saurez les restraindre : votre art sera DE DÉSINTÉRESSER L'AVIDITÉ, D'ÉLUDER LA FAVEUR, & de ne proposer que l'honneur pour récompenser la vertu.

Un de vos peres s'est immortalisé pour avoir protégé l'infortune devant l'autorité. Plus heureux aujourd'hui, Monsieur, c'est la cause des peuples que vous allez plaider, & le Roi vous invitera toujours à prendre leurs intérêts; vous êtes sûr de lui plaire toutes les fois que vous lui parlerez de nous rendre heureux.

DISCOURS de M. le premier Président de la Chambre des Comptes à M. DE CALONNE, Contrôleur général, lors de sa prestation de serment en cette Cour le 13 novembre 1783.

Depuis long-tems, Monsieur, l'opinion publique vous élevé au ministere des finances : son adoption toujours flatteuse se confirme aujourd'hui ; sans doute vous chercherez à la justifier : vous connoissez déja toute l'étendue de vos obligations, & je ne saurois vous dissimuler ce que l'on demande au successeur d'un Magistrat vertueux & bien intentionné (1).

Le Contrôleur général est en France la providence de l'Etat ; il soutient la guerre, il ramene la paix, le commerce, l'agriculture, les engagemens du Souverain envers ses sujets ; il embrasse tous ces grands intérêts ; leur stabilité repose sur lui : *sa prévoyance doit être universelle ; sa marche, tantôt précipitée, quelquefois lente, toujours refléchie & dirigée vers le bonheur commun.* Il est des illusions bien douces dont il faut se défendre ; il a même à se précautionner

____

(1) M. d'Ormesson.

contre l'amour de la célébrité, pour n'être animé que de la seule paſſion du bien public : *il doit ſe perſuader que la poſtérité ne conſacre que les noms des Miniſtres qui ſe préſentent devant elle avec le ſuffrage de leur ſiecle & la bénédiction de leurs contemporains. Enfin , Monſieur , ſoit qu'il calcule les charges de l'Etat , ſoit qu'il ait beſoin de reſſources , ſoit qu'il enviſage l'objet de ſon adminiſtration,* SON DEVOIR C'EST LA FIDÉLITÉ; IL N'EST POUR LUI DE MOYENS PERMIS QUE LES MOYENS LÉGITIMES : *le terme, la récompenſe de ſes travaux , c'eſt d'avoir été utile.*

Nous ne nous bornerons point à des vœux ; nous venons, Monſieur, offrir à la Nation des eſpérances ſur votre miniſtere ; l'éloge & la cenſure nous ſont également interdits ; nous ſommes les organes de la vérité ; & nous parlons dans ſon ſanctuaire.

Vous avez déſiré les grandes places ; mais depuis long-tems vous vous prépariez à les remplir ; vous avez perfectionné, embelli les heureux dons de la nature : votre eſprit, vous l'avez cultivé , étendu par l'étude & par l'obſervation. Dans les ſociétés choiſies du grand monde , comme dans les provinces que vous avez adminiſtrées , on vous accordoit avec raiſon de penſer & de peindre ; l'on ne s'entretenoit que de votre aménité, de votre pénétration , de votre adreſſe à manier les eſprits & les affaires ; vous laiſſiez échapper auſſi des étincelles de génie.

Vos talens deviennent donc aujourd'hui , Monſieur, les garants de votre adminiſtration , ils vous ſoutiendront dans la carriere; ils enflammeront votre zele; *mais ils ne feront votre bonheur & votre gloire, que lorſqu'ils auront tourné à l'avantage de vos concitoyens.*

DISCOURS de M. le premier Préſident de la Chambre des Comptes à M. DE FOURQUEUX, Contrôleur général , lors de ſa preſtation de ſerment en cette Cour le 20 avril 1787.

MONSIEUR,

Le temple de la juſtic. devoit être pour vous l'école du miniſtere ;

lorfque vous vintes dans fon fanctuaire recommencer un pere qui vi-
vra dans notre fouvenir, vous parûtes d'abord ce que vous deviez
être un jour en parcourant la carriere ; dès-lors votre ame paifible
& pure gouvernoit votre efprit, elle en regloit les mouvemens,
elle en dirigeoit les efforts. Il vous avoit été donné d'éclairer fans
éblouir, d'ajouter à la raifon tout ce que l'obfervation & l'étude
favent lui prêter de dignité & de charme, & de l'infpirer par la
douce perfuafion, qui vous eft fi naturelle. L'antique probité, com-
pagne affidue de votre vie, vous affuroit un pouvoir que notre siécle
a refpecté; la probité, vertu fainte, le bonheur de l'homme privé
& le premier devoir de l'homme en place. On n'avoit à redouter
que votre modeftie ; heureufement elle a trompé votre attente &
votre goût pour la retraite.

Au Confeil, vous vous êtes montré le même que dans les fonctions du miniftere public, & par-tout vous vous êtes concilié la confiance & l'eftime, regrettant la liberté qui vous fuyoit toujours; &
fans ceffe arraché de votre champêtre afyle où vous cultiviez dans
le filence l'amitié, la philofophie & les lettres, vous êtes rentré
pour obéir au devoir, dans l'agitation des affaires, perfuadé qu'un
citoyen ne peut jamais appartenir qu'à la patrie.

Les graces du Souverain font venues vous chercher : plus jaloux
de les mériter que foigneux de les obtenir, vous avez regardé cet
affujettiffant honneur comme un engagement à de nouveaux facrifices. Le Roi vient enfin d'ordonner de votre fort : l'Etat avoit befoin d'une vertu délicate & de talens modeftes, & l'on vous a nom-
mé Contrôleur général, comme, dans l'ancienne Rome, on choififfoit
un Dictateur.

La fituation des finances n'eft plus un problême : on a déchiré le
voile dont s'enveloppoit le myftere de l'adminiftration : on vient de
découvrir aux yeux de l'Europe les playes de la France ; elles font
profondes, elles font invétérées ; une main habile & courageufe peut
feule les guérir.

Vous trouverez des reffources dans le cœur du Souverain & dans
l'énergie Nationale.

Il eft une circonftance heureufe dont vous faurez profiter.

La honte menace les abus, & la Nation demande des reformes.

Vous ferez compter ; car on ne peut esperer l'ordre sans comptabilité : pour la rendre utile, il la faut réguliere, rapprochée, universelle, & pour lors elle deviendra votre sauve-garde & votre appui.

S'il peut exister des dépenses que les raisons de l'Etat demandent, qui soient secrettes, alors il faut encore des acquits de comptant ; vous obtiendrez du moins d'EN DIMINUER LE NOMBRE, ET CE SERA UN BIENFAIT NATIONAL QUE D'AVOIR PRÉSERVÉ LE CŒUR DU ROI DES OCCASIONS DE LA SURPRISE ET DES ILLUSIONS DE LA BIENFAISANCE. Les pensions MÉRITÉES ne craindront plus la lumiere ; elles pourront s'honorer de l'estime du Monarque, & devenir une recommandation auprès de l'opinion publique.

En vain, dans sa détresse, l'avidité tentera tout pour empêcher les réformes, la voix imposante de la patrie étouffera ses murmures ; les intentions du Roi seront bénies ; l'ordre renaîtra, & notre Souverain sera heureux du bonheur d'une nation que l'on distingue par sa fidélité & son amour pour ses maîtres.

DISCOURS de M. le Premier Président de la Chambre des Comptes, à M. LAMBERT, Contrôleur-Général des Finances, lors de sa prestation de serment en cette Cour, le 19 septembre 1787.

MONSIEUR,

VOUS arrivez au Ministere des Finances dans des circonstances qui deviendront une des époques de notre Histoire ; & malgré cette succession rapide de Contrôleurs Généraux qui vous ont précédé, vous avez l'avantage d'exciter encore l'intérêt du public, & de ranimer ses espérances.

Dans un moment de régénération & de crise où l'art doit être de tout réparer & de ne rien détruire ; où la Nation demande des sacrifices & redoute des impôts ; où l'ordre, la raison, la regle peuvent seuls devenir les Dieux tutelaires de la Monarchie, la sagesse du Roi devoit arrêter ses regards sur un Magistrat laborieux, integre, éclairé, long-tems l'oracle du Parlement, & depuis, un des Aigles du Conseil.

On auroit pu croire que la lenteur des formes, les discussions con-

tentieuses s'alliant difficilement avec le génie actif & tranchant de
l'administration, & que vous deviez être étranger aux objets si variés
qu'embrasse le Ministere des Finances ; mais les Notables vous ont
ouvert une carriere nouvelle ; alors vous avez paru ce que vous pou-
viez être ; votre esprit, également souple & étendu s'est montré habile pour toutes les affaires auxquelles on l'emploieroit ; on a reconnu
dans vous l'intention du bien & la capacité de le faire ; & si, juf-
qu'à préfent, vos travaux ont été dirigés vers un autre but, vous avez
donné la preuve, dans cette mémorable assemblée, qu'il n'est point
d'éducation ni de département particulier pour les talens, que ce font
les circonstances qui les produifent & leur donnent la maturité à l'instant
qu'elles les font éclore.

*Depuis long-tems, Monfieur, ces voûtes n'ont ceffé de retentir des
obligations des Contrôleurs-Généraux & des vœux de la Nation : ré-*
formes, économies, ont été le cri général, continuellement répété,
fur-tout depuis que l'on a révélé le triste fecret des Finances ; on
s'est rallié contre les abus ; on a univerfellement reclamé contre les
graces, contre les dons exceffifs ; *on a vu avec peine* SA MAJESTÉ
*donner plus de penfions que la plûpart des Souverains n'ont de revenus.
Empreffez-vous, Monfieur, de faire fubir à ces indifcrettes libéralités
la néceffaire expiation d'une revifion publique,* ET QUE TOUTES, DÉ-
SORMAIS, SOIENT SOUMISES A LA PUDEUR DE L'ENREGISTREMENT.

Il est des précautions falutaires que nous devons vous confeiller.

*Il est effentiel de rapprocher les comptabilités de leurs exeroices, &
d'éclairer celle du Trefor-Royal.* Il ne faut plus que le véritable compte
de l'Etat qui doit raffembler fous un même point de vue, l'intégralité des recettes & des engagemens, *foit un dédale tortueux & inex-
tricable dont on ne connoiffe point le fil :* il ne faut plus fe couvrir d'un
voile impénétrable *& que le miniftere de la Chambre des Comptes foit
un miniftere paffif qui fe borne à des formes devenues minutieufes par
leur inutilité.*

Voilà, Monfieur, nous ne faurions trop le répéter, voilà le germe des défordres qui menaçoient d'être irréparables. *Réduifez les acquits de comptans ; empêchez les anticipations de fe reproduire ; que*

les emprunts déformais ne foient plus ni exagérés NI DÉNATURÉS PAR DES LETTRES DE VALIDATION ; toutes ces opérations dé-faftreufes, *vrai fcandale en finance, alloient perdre le Royaume ; IL FAUT LES ANÉANTIR A JAMAIS pour raffermir fa bafe antique qui commençoit à s'ébranler , & pour lui rendre fa fplendeur.*

D'adminiftration actuelle a tout apperçu : elle corrigera tout : le patriotifme qui l'anime fera jaillir encore des fources de profpérité que l'on croyoit taries : hâtons-nous de rendre hommage à fes premiers efforts, à fes premiers succès. *De grandes économies commencées & foutenues avec courage, rappelleront le crédit & fuppléeront aux impôts :* l'énergie nationale , les facrifices volontaires du Souverain & de la Famille Royale , cette noble émulation du bien public qui embrâfe tous les cœurs, vont rendre à la France épuifée une exiftence nouvelle ; &, femblable au peuple Roi , c'eft du fein des défaftres qu'elle va reprendre cette dignité impofante qui étendra la gloire & l'empire du nom François, & qui le fera refpecter de toute l'Europe,

REPRÉSENTATIONS de la Chambre des Comptes, sur les banque-
routes des Comptables, prononcées à SA MAJESTÉ, par M. le
premier Préfident, le 6 février 1787.

SIRE,

C'EST avec douleur, mais avec confiance, que la Chambre des
Comptes paroît aux pieds du trône.

Vous êtes, SIRE, la fource du pouvoir fuprême & de toute
juftice.

Si nous avons un regret, fi nous devons nous faire un reproche,
c'eft d'avoir auffi longtemps différé d'y recourir; la plus noble pré-
rogative des Magiftrats, en même temps la plus utile aux Sujets de
VOTRE MAJESTÉ, étant de communiquer immédiatement avec le
Souverain.

Tel eft, SIRE, le fort de votre Chambre des Comptes : liée plus
particulierement que les autres tribunaux, par fon effence & fes fonctions, aux objets de l'adminiftration, fes réclamations font prefque
toujours appercevoir le germe ou le développement des abus qui
troublent l'ordre public, & les refpectueufes repréfentations qu'elle a
l'honneur de vous préfenter aujourd'hui, deviennent encore la preuve
de cette trifte vérité.

Un arrêt de caffation, du propre mouvement, vient d'anéantir
les décrets qu'elle a décernés contre Clouet, Receveur des Tailles
de Paris.

La

La Cour des Aides a décrété de prife de corps Harvoin, Receveur-général des Finances de Tours, & préfumé en faillite, jufticiable de votre Chambre des Comptes, & déja pourfuivi extraordinairement par elle.

On a fignifié à fon Greffier en chef, un arrêt du Confeil, qui établit une commiffion pour appofer le fcellé fur les titres & papiers de Baudard de Ste. James, l'un des deux Tréforiers de la marine.

Vous nous permettrez, SIRE, d'analifer, de difcuter avec rapidité, mais précifion, les motifs de ces différents actes : la raifon & l'ordonnance feront nos interprêtes & nos guides.

PREMIER OBJET.

VOTRE Procureur-général dénonce une réponfe de Clouet, où l'oubli des bienféances & l'indécence du ftile, font également intolérables. On le décrete d'affigné pour être ouï. Il étoit encore temps de recourir à l'indulgence de votre Chambre des Comptes; une déclaration fimple, naïve, refpectueufe, interprétoit fa conduite à l'égard de votre Procureur-général, & pouvoit lui fervir d'excufe, mais il lui falloit des torts pour faire éclater le crédit de fes protecteurs.

On a dénaturé l'affaire aux yeux de VOTRE MAJESTÉ, on la lui a préfentée comme fe liant aux queftions qui divifent votre Chambre des Comptes & la Cour des Aides. Nous ofons protefter, à VOTRE MAJESTÉ, qu'elle n'y avoit point de rapport; que l'affaire étoit fimple en foi; qu'il s'agiffoit de laiffer votre Chambre des Comptes, pourfuivre la réparation de l'injure qui lui étoit faite dans la perfonne du Procureur-général; qu'elle n'auroit point dû être dépouillée d'un privilége qu'elle partage avec les tribunaux inférieurs, & qu'il étoit d'une fage politique de vous propofer, SIRE, de faire refpecter les Cours fouveraines, qui ont l'honneur de repréfenter VOTRE MAJESTÉ.

Mais, SIRE, puifque l'occafion s'en préfente, & que l'édit de

K

janvier 1782, qui a inveſti la Cour des Aides, de la juriſdiction que nous avons toujours eue ſur les Receveurs des impoſitions, même depuis l'époque où ils ont ceſſé de compter directement, paroît être le prétexte de la protection que l'on accorde à Clouet, trouvez bon, SIRE, que nous vous expoſions ce qui s'eſt paſſé relativement à cette affaire ; nous aurons pour garans de notre ſincérité, le témoignage du miniſtre de vos finances qui l'a traitée avec nous.

Il s'étoit élevé des queſtions de compétence entre la Chambre des Comptes & la Cour des Aides ; vous aviez, SIRE, accordé des Commiſſaires de votre Conſeil, & par ſuite, vous aviez choiſi le Comité contentieux pour les juger.

Dans cet intervalle, l'édit de 1782 , dont les principales diſpoſitions jugeoient les queſtions que vous aviez renvoyées au Comité, fut regiſtré à la Cour des Aides. Nous eûmes l'honneur de vous demander, dans des remontrances, de réſerver ces queſtions , & nous vous ſuppliâmes alors, comme nous vous ſupplions aujourd'hui, de nous faire juger par les juges que vous nous avez donnés.

Cependant, SIRE, vous aviez reçu de nouveaux ſupplémens de finance des Receveurs des impoſitions, les intérêts que vous leur accordiez ainſi que leurs taxations n'étoient point payés.

Affligés de voir ces officiers ne point jouir de leurs attributions par le défaut de l'enregiſtrement de la Chambre des Comptes, les premiers magiſtrats de la compagnie, furent trouver le miniſtre des finances, pour concerter avec lui un arrêt d'enregiſtrement qui pût avoir la ſanction de VOTRE MAJESTÉ.

Il fut convenu que l'on réſerveroit l'exécution des articles concernant la juriſdiction conteſtée.

Les ordonnances aſſujettiſſent toutes les perſonnes qui manient les deniers de VOTRE MAJESTÉ, de prêter ſerment en la Chambre ; l'édit qu'il s'agiſſoit de vérifier n'y dérogeoit point, cette obligation devint donc une des clauſes de l'enregiſtrement.

Les miniftres eurent l'honneur d'en rendre compte à votre MAJESTÉ, & leurs lettres annoncent qu'elle en fût fatisfaite.

Cet arrêt, SIRE, s'exécutoit depuis un an, à la faveur de votre autorité & de celle des ordonnances.

Qu'elle dût être notre furprife de recevoir au bout d'un laps de temps auffi confidérable, des lettres patentes, dont voici les difpo-fitions.

VOTRE MAJESTÉ, par les motifs les plus affligeants pour nous, caffe notre arrêt d'enregiftrement, comme contraire à fon autorité & au refpect dû aux actes qui en font émanés ; elle ordonne en même temps, & de la maniere la plus humiliante pour fa Chambre des Comptes, la reftitution des droits perçus pour la réception de ces officiers.

Difpenfez - nous, SIRE, d'en dire davantage, nos cœurs fe dé-chirent & fe brifent, en fongeant que l'on vouloit nous traiter au nom de VOTRE MAJESTÉ, comme des fujets rebelles, comme de vils concuffionnaires. Dans le défordre de la douleur commune, votre premier Préfident fut chargé de rendre les lettres à M. le Garde des Sceaux, & de folliciter notre fuppreffion, plutôt que d'exifter dans l'aviliffement & la honte.

SIRE, nous fommes gens d'honneur, nous refpectons votre auto-rité, & nous aimons votre perfonne.

I I^e O B J E T.

LE décret de prife de corps que la Cour des Aides vient de lancer contre Harvoin, Receveur général des finances de Tours, porte avec lui tous les caracteres de l'irrégularité & de l'incompétence. Si nous vous déférons aujourd'hui, SIRE, cette prétention nouvelle, ce n'eft point pour défendre l'exercice d'une Jurifdiction que votre Chambre des Comptes ne peut jamais partager avec la Cour des Aides, c'eft pour prier V. M., de faire ceffer le fcandale d'une double procédure faite en même temps pour le même délit, & contre le même coupable, par le tribunal de la loi & par le tribunal incompétent.

Les bornes de la Jurisdiction des Cours, sont à cet égard fixées par la déclaration de janvier 1727, nous avons l'honneur de la remettre sous les yeux de V. M., en voici le partage.

La Chambre des Comptes unie au Parlement dans la Chambre mixte, punit de la peine capitale le divertissement des deniers royaux & le péculat.

La Chambre des Comptes seule, discute le mobilier des comptables en faillite.

Leurs immeubles se poursuivent à la Cour des Aides.

IIIe OBJET.

L'EXISTENCE d'une commission du Conseil faisant dans le sein de la Capitale les fonctions de la Chambre des Comptes, apposant les scellés chez Baudard de Ste. James, Trésorier de la Marine, & devant discuter ce comptable prévaricateur, présente, SIRE, trop d'inconvéniens pour les passer sous silence.

Nous ne nous arrêterons point, SIRE, sur la forme extérieure de l'arrêt qui l'établit, sur la maniere irréguliere dont on nous l'a fait connoître; on aura de la peine à imaginer que dans une affaire aussi grave, on ait également oublié les formes usitées au Conseil & dans les Cours, & que ce soit sur la requête de Turpin, Contrôleur des bons d'Etat, que la Cour des Finances ait été dépouillée de ses fonctions les plus importantes.

Votre Chambre des Comptes, SIRE, respectera toujours ce qui porte l'empreinte du sceau de votre autorité; elle s'est même abstenue de tout acte de Jurisdiction, quoique l'arrêt du Conseil ne dût point régulierement enchaîner son activité.

Un intérêt plus pressant l'anime en ce moment, elle vient, SIRE, vous déférer les inconvéniens de fon exécution , & le danger plus grand encore de la protection que font sûrs de trouver les comptables en faillite.

Cet arrêt, SIRE , établit le Garde de votre tréfor royal , fequeftre des revenus & biens de Ste. James. Que ne peut-on point appréhender de cette confufion de deniers avec ceux de votre tréfor ?

Nous ne pouvons vous diffimuler , SIRE, que l'allarme ne foit répandue dans le public. Les créanciers de l'Etat appréhendent de voir les deniers de votre tréfor remplir le vuide des différentes caiffes dont Ste. James étoit chargé , on les voit retirer leurs fonds avec empreffement ; la même inquiétude fait faire les mêmes demandes aux principaux tréforiers ; fi l'on ne parvient à les ralentir promptement , le crédit s'ébranle ; il eft de la plus grande importance d'y pourvoir.

Votre Chambre des Comptes , SIRE , avoit tenté de prévenir les malheurs de Ste. James en faifant compter ce tréforier ; mais depuis 1771 qu'il eft en exercice , elle n'a pu y parvenir par le défaut d'états arrêtés en votre Confeil.

Envain pour raffurer le public, annonce t'on que fa situation n'eft qu'embaraffée ; les difpofitions de l'arrêt du Confeil fixent l'opinion fans retour ; elles ordonnent la vente de tous fes biens ; la faillite eft donc conftante.

Le fcandale de cette nouvelle banqueroute amene naturellement, SIRE , à rechercher les caufes qui les multiplient à l'infini. Il en eft plufieurs: le luxe, l'avidité & *fur-tout l'impunité.*

Le public , SIRE , eft le témoin & la victime des deux premieres ; depuis long-tems on l'accoutume à gémir & à s'indigner du fafte des financiers.

Votre Chambre des Comptes, SIRE , eft malheureufement trop à portée de voir les exemples & les abus de l'impunité ; elle nous charge de remettre à V. M. , la lifte des banqueroutes. Dans l'efpace de moins de 20 années , cinquante comptables ont failli. L'on peut évaluer cette perte au moins à 40 millions pour votre tréfor, elle eft incalculable pour vos fujets. Aucune de ces prévarications n'a été punie, & le zèle de votre Chambre des Comptes a toujours été enchaîné. On feroit tenté de croire que par une fatalité inconcevable l'excès de la déprédation eft devenu pour les banqueroutiers la mefure de la protection & de la faveur.

L'article 4 de la déclaration de décembre 1702, porte :

» Entendons que les lettres d'état n'ayent aucun effet dans les affaires où nous aurons intérêt.

Et néanmoins, SIRE , l'année derniere, Dupile de St. Severin, Tréforier des troupes de votre maifon , & reliquataire de plus de 800,000 l. envers V. M., décrété par votre Chambre des Comptes, & prifonnier à la Conciergerie , en eft forti à la faveur d'un fimple fauf-conduit.

En un mot , SIRE, ces comptables infideles qui ont pillé les coffres de V. M., au lieu d'être punis de leur prévarication , au lieu d'effrayer par un châtiment falutaire , ont prefque tous obtenu ou des traitemens, ou des penfions.

Votre Chambre des Comptes , SIRE n'a pu être le témoin de ces défordres, fans vous les déférer. Le refpect & la fidélité guideront toujours fon zèle & fes démarches ; & vous la verrez fenfible aux atteintes que l'on porte à fa Jurifdiction, toutes les fois qu'il s'agira du bien de votre fervice & de l'intérêt du public.

Il eft de fon devoir aujourd'hui d'avoir l'honneur de vous demander de retirer l'arrêt de caffation des décrets qu'elle a décernés contre Clouet, Receveur des tailles de Paris.

De réprimer par votre fageffe & par votre autorité la nouvelle entreprife de la Cour des Aides, en rendant incompétemment un décret de prife de corps contre Haryoin, Receveur Général des Finances de Tours, qu'elle pourfuit extraordinairement.

De révoquer enfin l'arrêt qui a établi une Commiffion du Confeil pour appofer le fcellé chez Ste. James, & difcuter ce comptable, à l'effet de le renvoyer par-devant la Chambre des Comptes, feule Juge compétent du divertiffement des deniers royaux.

Telles font SIRE les très-humbles & très-refpectueufes repréfentations qu'ont l'honneur de préfenter à V. M. &c.

De l'Imprimerie de la Veuve DELAGUETTE, rue de la Vieille-Draperie.